奥本　實　元陸軍大尉（陸軍歩兵１９７連隊大隊長）

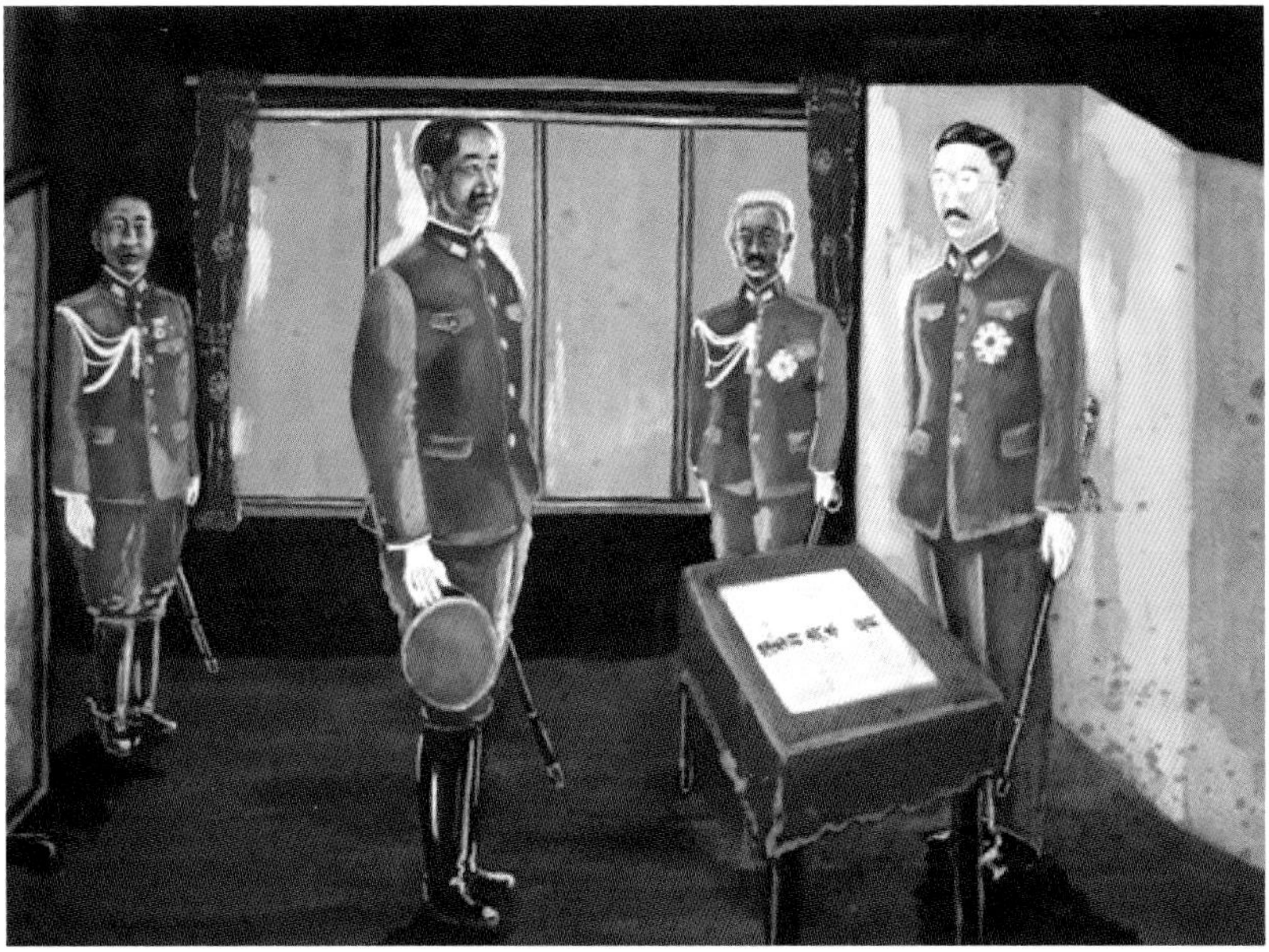

天皇陛下との単独拝謁の様子（画・奥本 實）

パレンバン降下の様子（画・奥本 實）

空の神兵と呼ばれた男たち

インドネシア・パレンバン落下傘部隊の奇跡

奥本實 著
磯米 漫画

ハート出版

はじめに――日本人の戦争

髙山　正之

私ごとだが、定年で新聞記者を辞めたあと、どこぞの大学の先生になって身過ぎ世過ぎをしていた。

新聞記者時代と違って刺激は少ない。午後五時になると同僚の先生方はさっさと家路につき、同じフロアの研究室は真っ暗。警備員が「明かりの消し忘れか」みたいな顔をしてこちらの研究室を覗き込んでくる日が続いた。

昨日まではその時間には喫茶店で煙草をくゆらしながら原稿の構想を考えていた。仕事を始める直前の時間帯だった。しょうがないから家に帰ると妻が「どうしたの。具合でも悪いの」と早すぎる宿六の帰宅に怪訝な一瞥をくれる。

つまり退屈を持て余していた。そんなとき名越二荒之助《なごしふたらのすけ》氏に会った。事件しか知らない記者上がりに親切に先の戦争の意味を語ってくれた。「今度は仲間と日露の戦場、旅順を訪ねる」というので同行させてもらった。

最初の旅では『新聞アイデンティティ』の葛目浩一さんらに会った。次の旅では以後、長い付き合いを重ねることになる宮崎正弘氏に会った。

戦跡の旅は新聞記者時代以上に多くの知己を増やしてくれ、知識を広げてくれた。それもあって以後、年に二回は先の戦争を含めた日本軍の足跡をたどる旅に出かけた。

実は旅を始めたもう一つの動機がある。それが最初の旅で見た旅順の汚れ、ただれ切った姿だった。例えば日本軍将兵八千人が倒れた激戦地、東鶏冠山《とうけいかんざん》だ。

往時の姿を示す古い白黒の写真がある。草木一本もない丸坊主の丘陵には頂の稜線に黒い筋があり、山腹のそこここにも横縞のように筋が走っている。

日本軍は身を隠す遮蔽物が何もない山肌に取りつき、丘の上からロシア軍の斉射をまともに浴びながらよじ登っていった。

中腹に幅七メートルほどの空堀が広がる。写真に見えた黒い筋がそれだ。上からの銃弾を避けて飛び込むと、空堀の背中側には銃眼が穿たれていて、日本兵は背中から撃ち殺されていった。

身震いを覚える情景だが、現実の東鶏冠山はまるで違った。丸坊主のはずの山肌は緑の灌木が茂り、そこここにコンクリート製の張りぼての崖がそそり立つ。ただの禿山では誰も興味を持たない。要害堅固風に見せれば客が呼べると思ったたか。

その俗っぽさは北堡塁にもあった。要塞の司令官コンドラチェンコ少将がここで日本軍の二十八センチ砲弾の直撃を食って死んだ。戦いのあと乃木希典は彼の武勲を称えて彼の名を刻んだ慰霊碑を建てた。碑は文革当時、紅衛兵が引き倒し、碑文も削り取った。

それが日本人観光客を呼べると知って再建されたが、片仮名を知らない。調べればいいのにそれもせず、「ロシサラテンコ」と彫り直し、剰《あまつさ》え碑を建てた意味を「憎い敵将を辱めるため」で「日本軍は石をぶつけ、唾を吐きかけた」と説明する。

確かに蒋介石は汪兆銘を辱《はずかし》めるために彼の跪《ひざまづ》いた像を作ってみんなに石をぶつけさせて喜んだ記録があるが、日本人は支那人と違う。

そんなくだらない作り話には手間暇を惜しまないくせに支那人指導者は日露戦争に日本が勝った意義を教えようともしない。

英国の歴史家アーノルド・トインビーは日露戦争と先の大戦の意味を「支那を含めアジアの国々を白人の奴隷支配から救った」と語っている。

日本が負けていたら白人の植民地支配にもはや歯止めはかけられなかっただろう。

支那を含めアジアの国々はすべて白人国家に分割され、そのころのポーランドや仏印と同じように十歳の子供から工場や炭鉱で働かされていただろう。その形はもしかしたら今も続いていたかもしれない。

そんな大事な戦争の帰趨を決めたのがこの旅順攻略戦だった。ここを落とせば旅順港内のレトヴィザンなど戦艦五隻、巡洋艦二隻を破壊できた。落とせなければ旅順艦隊はバルチック艦隊と合流し、戦艦数だけで日本艦隊の四倍になった。日本に勝ち目はなかった。

だから日本軍は東鶏冠山に挑み、戦友の屍を乗り越えてなお攻撃を続けた。そして乃木は勝ち、旅順港の戦艦をすべて沈められた。東郷はバルチック艦隊だけに専念でき、幸運にもそれを撃破した。支那人の一人としてこの回天の偉業を知らない。だから彼らは平気でこの古戦場にいたずら書きして何も恥じない。その惨状を目の当たりにして、日本人が歴史を築いてきた戦跡を一つでも多く見て回り、それを記録したいと思い立った。

で、拉孟《らもう》、騰越《とうえつ》に行った。インパールも行った。コヒマでは全滅した「日本軍将兵の屍をブルドーザーで落とした」という谷の底にも降りてみた。

南方戦線、セレベス島のメナドに降りた海軍落下傘部隊の足跡も追った。

陸軍落下傘部隊が降下したパレンバンも訪れた。降下地点は当時、腰までつかる泥濘《でいねい》の沼地だったが今は雑草と灌木に覆われていた。往時の偉業をとどめるものは何も残っていなかった。

ただ旅順と似たようないたずら書きはあった。一つは日本軍の陸上部隊が遡行したムシ川に架かるアンペラ大橋だ。

戦後、独立したインドネシアに日本が餞《はなむけ》に作ってやった橋と理解していたが、その名の意味をガイドが言い渋る。怒鳴りつけて聞き出したら「AMPERA」とは「我々を虐げし者からの償い」の単語の頭文字を並べたものだった。

この国にとって「日本は白人の植民地支配から救ってくれた国」ではなかった。ジャカルタの独立記念塔地下のジオラマに書かれているように「我々の資源と労働力を搾取した侵略者」と見ている。

なぜなら日本を正しく解放者と言えばインドネシア政府は世界を仕切る白人国家から爪弾きさ

れる。逆に白人国家の指導するように「そうです。日本は侵略国家です」と言えば国際社会に入れてもらえ、日本からは償いのカネがいくらでも引き出せた。

ムシ川の橋も「我々を搾取した償いに日本が建てた」ことになっている。実際、その辺の民はそれを鵜呑みにして「憎い日本」を懲らしめるために橋脚に小便をかけ続けた。

ついに橋脚が錆び、腐食が広がって倒壊の恐れが出てインドネシア政府は日本に修繕を要請した。日本は断った。当たり前だ。

ビルマも旅した。フーコンからの白骨街道も旅をし、九州の元郵便局長、森松日出丸氏に会った。ここで多くの戦友の最期を看取ったという。一片の骨でもいい、日本に連れ帰ろうと慰霊の旅を続けていた。

ビルマは日本軍が入り、アウンサンを助けて英国人とインド人と華僑に乗っ取られたビルマ人の国を彼らの手に取り返してやった。

日露戦争の記録映画で興奮した子供時代をもつヤンゴン大のタン・タット教授は「飛行機は白人のものだった。それをビルマ人が操縦してシュエダゴンパゴダの空を飛んだ時はもっと興奮した。日本人がその技術を隠しもせず教えてくれたと聞いたときの感激は今も忘れない」と語った。

しかし、そうやって支えてやったアウンサンは「インド人が嫌い」だからとインパール作戦への協力を拒否し、さらに密かに英軍と通じて日本軍を裏切って背後から襲った。

その辺をどう思うかとヤンゴンの鶏煮込みそば屋で森松氏に聞いた。

「ビルマにはビルマの都合があったのでしょう。別に恨む気はありません。日本軍は私を含め、自分なりにあの戦争を理解して誇りを以って戦いました」と答えた。

日本人は先の戦争で多くの犠牲を出したが、それは支那人やビルマ人、インドネシア人から感謝されることを期待してやったことではない。そういう次元を離れ、「一兵卒に至るまで世界を壟断《ろうだん》する邪《よこしま》な者と戦った」と信じていたというのが、いくつかの戦跡を歩いて得た答えだった。

スタンフォード大の歴史学教授ピーター・ドウスは「日本を突き動かしたのは白人の奴隷とされ、植民地支配されることへの恐怖心だった」「その恐怖を―恐らく日本だけの現象だろうが―国民一人一人が共有し白人の優越を覆さねばならないと信じて」近代化に励み、戦いになれば力を尽くした。

その成果は「平民を解放したフランス革命より、労働者を解放したロシア革命よりはるかに大きなスケール」で、「有色人の解放という人類史上の大革命を成し遂げた」と。

トインビーも「日本人は神を装ってきた白人の仮面を人類の面前で剥がして見せた。日本人はそれによって白人のアジア侵略を止めただけではなく帝国主義と植民地主義と人種差別まで終止符を打った」（ヘンリー・ストークス『日本人への遺言』）と語る。

日本人はあの戦争を前に自分たちの使命を知り、そして立派に成し遂げた。それを我々は忘れない。

#『空の神兵と呼ばれた男たち』目次

第一章　パレンバン落下傘部隊戦記

奥本　實

パレンバンに降下する挺進部隊

パレンバン作戦を想う

昭和三十六年四月十二日、全世界の放送網は、二十世紀中最大のニュースを報道した。

「ソ連の弱冠二十七歳・ガガーリン少佐が、ロケットによって宇宙を制した」

ということである。

そして又同年五月五日、宇宙の探究に負けてはならないと、

「アメリカの三十七歳・シェパード中佐が、宇宙の第二人目となった」

とのニュースが今世界を騒がしている。

このニュースを聞いて私は、ガガーリン少佐が宇宙船に乗込む心境と、私が昭和十七年二月十四日に若干二十一歳で、成否未知数の落下傘作戦だったパレンバン挺進奇襲降下の飛行機に乗込んだ時の気持ちを比較して、ふと考え込んでみたのである。

「そうだ！同じだ！同じ気持ちだ！」と叫ばざるを得ない。作戦の成否など問題でない。「俺が居る以上、成功間違い無し！である」と、自信満々であった。それまでに中国大陸の奥深く遠征し、師団、軍の数度の作戦に進んで参加し、連続殊勲を樹《た》てていた私の経験が、この自信を持たせていたのである。そして私は、ただパレンバン降下作戦の成功の確率を、いかに盛りたてるか？を考えていたのである。

あれからもう五十年も経過して、この作戦を語る人も、また当時の心境を堅持している者も少なくなってしまったが、ここに再び孤り静かにふりかえってみよう。

この稿は、記憶の正確な中《うち》に……と一九六一年（昭和三十六年）八月の暑い頃に起稿した。その後、当時の井戸田勇氏（陸軍中佐、第十六軍よりの派遣参謀。パレンバン市近くに第一挺進団長と共に強行着陸）の著書「パレンバン・ジャワ作戦」の骨幹をなしている。

私は一九四一年（昭和十六年）十月一日付をもって陸軍中尉に昇進し、第三次機動部隊要員として、中支・江西省・南昌市に在った第三十四師団（椿兵団）長、大賀茂中将（陸士、二十一期）に転出の申告をして、満洲・白城子へ行く筈のところ、変更して内地の立川へ派遣を命ぜられた。十月十六日、陸軍挺進練習部所沢分教所に入所した。ここは落下傘降下着地時の柔軟体操を専門に訓練する所だった。

玉川読売飛行場の落下傘練習塔前で明治大学学生の格好のまま記念撮影する挺進隊員たち。

軍服ではなく、明治大学学生の恰

好をして、多摩川畔の読売落下傘塔に通い、隠密裏に着地訓練したのはこの頃である。

この年の十一月二十七日に、宮崎県児湯《こゆ》郡新田原飛行場の陸軍挺進練習部に着任し、将校たちは、同都農《つの》町の民家に下宿した。そして新田原の部隊本部へ、トラックの荷台に乗せられ通勤退庁して、実際の飛行機（中島製のＡＴ輸送機）からの落下傘降下を実習した。

最低限の降下回数は三回で、単独降下、連続降下、集団降下だけは必須だった。


この年の十二月八日、大東亜戦争の宣戦布告がされた。

下宿から出勤途上、トラックの荷台上の青年将校たちは、ラジオ放送を聞いて「万歳！万歳！」「よーし、やるぞ！」と唱えて、意気まさに天を衝くものがあったのだ。

これに先立つ十二月一日に、第一挺進団（長、久米精一大佐、陸士三十一期）が動員下令され、挺進第一聯隊（長、武田丈夫少佐）は殆ど将校、下士官で、兵卒が少ないながら編成、完結されていて、十三日に内地の門司港を出帆していた。しかしこの聯隊の乗っていた輸送船・明光丸が、海南島の沖で、敵の潜水艦にやられたか？火災を起こし沈没し、兵器、弾薬、食料もみな水没させてしまった。友軍の軍艦に救出された裸の聯隊は、タイのバンコックへ上陸したものの、伝染病もでて、到底作戦など出来る状態ではなかった。

出陣

十二月に入って私たちは、集団降下の基礎訓練を急いだ。

開戦になってからは、到る所で大戦果のニュースが飛ぶ。心がはやる。

大本営は、陸軍落下傘部隊の南方戦線での初使用に向け、その訓練状況を把握するために、十二月一日～五日の間、宮崎県南部で陸軍大学校の兵棋演習を行わせた。勿論南方総軍（長、寺内寿一大将）へ、海没した挺進第一聯隊に代わるべき部隊を集中させるのを急いだ。

明くる一九四二年（昭和十七年）一月一日、新田原基地に動員下令された挺進第二聯隊（長、甲村武雄少佐、三十八期）は、一月四日に編成を完結した。

私（奥本實中尉、五十四期）は、部下六十名を率いて第四中隊第三小隊長となった。

万事、覆面部隊の活動がここに始まる。

一月十三日夜、聯隊は高鍋小学校の校庭に集結し、出陣式を行い、町長、校長、婦人会の湯茶の接待をうけ、門司港へと急いだ。

挺進第二聯隊は、搭載貨物の多いこと、多いこと。海没した第一聯隊の兵器、弾薬、食料をも輸送させられたのである。聯隊は、輸送船高岡丸、ハーブル丸の二隻に分乗し、他の船三隻とともに船団を組んだ。

私はハーブル丸の輸送副官を命ぜられた。支那大陸戦線を駆け回ってきた歴戦の勇士？として選ばれたのである。輸送指揮官は、某飛行場整備隊の老大尉だったが、私は搭載、荷下、船上警戒（敵潜水艦、飛行機をも含む）、軍歌演習、給与など全般の作戦命令の起草、下達に多忙で、肝心の自分の部下の名前、顔を憶える暇がなく、苦労した。

一月十五日、門司港出港と同時に南方総軍指令官（寺内大将）の指揮下に入った。

船団の航速僅か七ノットののろまさ、加えてジグザグ航進である。

一月三十一日、仏印（南ベトナム）のカムラン湾に入港した。同湾には、Ｈ船団（ジャワに上陸予定の第十六軍、今村均中将）や海軍の艦艇が多かった。

わが聯隊は即日バンゴイに上陸した。卸下する貨物の多いこと、多いこと。使役兵は、不眠不休である。ちんぽバナナを食いつつ、足立睦生中尉にも援助して貰ったのは嬉しかった。

バンゴイ上陸と同時に、第三飛行集団（長、菅原道大《みちおお》中将、二十一期）の指揮下に入ったことになっている。

小雪飛ぶ門司を出港したのに、ここバンゴイは暑い。北緯十度だからである。

次は、休憩無しでサイゴンへ行け！とのことである。

薪を焚く鉄道に、隊員を搭載さす。露台貨車の鈍行である。荷台に眠っていた兵が列車から落ちた話も聞く。

今にして思えば、隊員たちはよくやってくれたと思う。不思議な力が出ていたのだ。あちこちから伝わってくるニュースでは、皇軍の大戦果が報道されている。挺進隊員だぞ、負けるモンカ！功名争いの感が、そうさせたのだろう。

おんボロの貨車からサイゴンで下車した。

次は休むことなくプノンペンへ行け！である。ここでは第三飛行集団司令部が陣頭指揮しているのだ。

挺進第二聯隊は、プノンペン駅の前の仮兵舎に集結することができた。やっと一息。

挺進基地　プノンペン

南方の気候は、さすがに暑い。第二聯隊は、カンボジアの首都プノンペンを基地とした。

この頃のわが皇軍は、破竹の勢い。フィリッピンにおいては、バタン半島のサマット山麓の敵に対し猛攻撃中。

ビルマ方面は、モールメンを完全占領した。

ボルネオ万面は、全土を殆ど制圧している。

バンダ海の要衝アンボンには、わが陸海協同部隊が敵前上陸を敢行していた。

われらの正面のマレー半島方面は、第二五軍（長、山下奉文《ともゆき》中将、十八期）の第一線が、マレー半島先端のジョホールバールを占領し、シンガポール島の対岸に進出しておったのである。

「大本営発表（二月五日午後零時十分）。帝国陸軍航空部隊は、戦爆連合の大部隊をもって、二月三日、二回にわたりシンガポール大爆撃を敢行し、埠頭諸施設およびキングストック付近を爆砕し、大型輸送船一隻を炎上せしめると共に大型一隻、中型三隻その他中（小）型汽船多数に多量の命中弾を与え、全機無事帰還せり。この日戦闘隊は、敵機の片影をも認めず悠々制空ののち帰還せり」

一方ジャワ沖では、わが海軍航空部隊が、米・蘭連合艦隊を襲撃してその巡洋艦五隻を撃沈するなど、皇軍は正に海に陸に空に破竹の進撃を続けていたのである。

わが挺進第二聯隊は、プノンペン基地に在って、未だ到着直後ながら、プ市の住民らに秘かに挺進降下直後の訓練に余念がない。

この頃でさえ、わが聯隊の降下目標は何処であるか、知るよしもなかった。

私の当時の陣中日記を見ると、

「二月四日、晴。兵器弾薬、物料箱（兵員とは別に銃、弾薬を投下する箱。重爆撃隊の第九八戦隊が投下する）の収納に一日を費す。プノンペン基地残留者および特殊謀略隊要員を決定す。出動人員、余の小隊は、小隊長以下僅か三十二名のみ」

別途落下傘投下された物料箱から各種武器や装備を取り出す挺進隊員。

「二月五日、晴。連日の晴天なり。極めて暑し。兵には、傘の折り畳みを行なわしむ。幹部は、飛行戦隊の演習に便乗して見学（後日これを慣熟飛行と呼称した）。三時間の演習。下界を望めば白雲模糊《もこ》として横たわるあり。二千メートル直下のメコン河は、その大蛇の腹を乾かす如く蛇行して海に注ぐ」

このようにして企図の秘匿のため作戦目標を明示せずに、慣熟飛行と称して、上空より地上の地形、地物を確認できるよう注意が払われたのである。

二月六日、挺進第二聯隊は、各中隊の一個小隊づつをプノンペン基地に残置させ、先任小隊長の川畑岩夫中尉（陸士、五十四期）を総残留隊長に任命した。聯隊主力は挺進飛行戦隊の輸送機に搭乗しプノンペン飛行場を離陸、マレー半島のスンゲイパタニ飛行場へ躍進した。

このプノンペン飛行場離陸時に、挺進飛行戦隊の使用機ロッキード機が二機も火を噴いてしまった。

その一機は、故障で、危険極まりない程の輸送機だった。

この日に一度に飛び立ったのは、援護戦隊、物料輸送戦隊、わが挺進飛行戦隊（ほとんどロッキード機）を合して五十数機だった。まことに壮観そのもの。搭乗している挺進兵達は、喝采して喜んで、必勝の信念を湧かしている。

私（奥本實中尉）の搭乗している一一〇号機も離陸後ガソリン漏れのため編隊を解き、滑走路上で燃えている輸送機の鎮火を待って着陸、聯隊の躍進に二日間も遅れる羽目となってしまった。

陸軍落下傘部隊初の緒戦に参加できない悔しさ！男泣きに泣き、第一挺進団付・木下秀明中佐に泣き付いた。ボソボソうなだれて基地兵舎へ帰り、同期生の残留隊長、川畑中尉に「俺の不運を見ろ。貴様はまだ追及出来るじゃないか。悲観するなよ」と激励や慰めを受ける始末だった。

木下中佐に、聯隊主力への追及方法を懇願したがこの日は駄目だった。翌七日も駄目だった。

七日の夜になって「明日の便で行け」の指示が出てホッとした。

八日、このロッキード機の操縦者は、軍属の服装をしていて、離陸、着陸の操縦がたいへんうまかった。故障機二機分の人員二十四名を乗せてである。

とにかく主力に追及できて喜んだ。

追及したスンゲイパタニ飛行場、並びにその隣に在るケチル飛行場周辺には、敵機バッファロー機の残骸が多く転《ころが》っていて、友軍機の奮戦ぶりを物語っていたものである。

マレー半島の爆撃行で、勇敢な戦死を遂げた臼井茂樹大佐の後任に就いた大坂順次中佐（陸士、三十五期）が、自ら進んでこの困難な挺進部隊の物料箱投下を引き受けてくれた。そして親しくわれら降下隊員の顔を見に来られた時の、莞爾《かんじ》と微笑んでおられた大坂中佐の姿が、今でも私の印象に残っている。

思うに重爆撃隊の爆撃行は、常に高度を保っての飛行であって、挺進隊のように僅か三百メートルの超低空飛行で、地上砲火をさんざん受け浴びる不得手の協同飛行を、誰が喜んで引き受けるものだろうか？きっと大坂中佐は、この困難な未経験のことを敢えて為し遂げようとする信念に燃えておられたのだろう。

さらに、甲村聯隊長から直接承《うけたまわ》った話であるが、第六十四戦隊長、加藤建夫少佐（後日他方面の空中戦で戦死。軍神として祀られる）に到っては、パレンバン降下隊の降下地域上空援護を「一時間援護する！」と言うのである。ありがたい。

パレンバン飛行場までは、隼戦闘隊であっても距離と燃料の計算で、ただの往復だけで筒一杯なのである。どう甘く欲目で計算しても、僅か二十分間だけしか上空援護は出来ない。これを加藤隼戦闘隊長は、一時間も援護すると言っていただいたのである。必ず降下成功さす、との信念に燃えているのが伺える。

第三飛行集団長以下各隊長は、わが陸軍未曾有の落下傘降下作戦成功に、有形無形の信念を傾け尽くしていただいていたことを、われら挺進隊員は胆に銘じなければならない。

第一挺進団の総帥である久米精一大佐も、これだけの厚遇と協力がある以上は、「きっとやり遂げて見せるぞ！」と、不屈魂を顔と腹に力んで据えつけておられたのだろう。終戦直前、陸軍少将で第二〇九師団長（金沢市）をやっておられた時、陸軍大学校入学の入試に赴いた際に、金沢市内で偶然お会いした。その時久米少将は、パレンバン当時を顧みて、私の手を握って感慨深げに語っておられたが、そのことからもよく解るのである。

二月六日、マレー方面陸軍航空部隊である第三飛行集団は、長駆してバンカ島のムントク飛行場を急襲し、敵機二十八機を強襲撃破した。

二月七日、マレー半島の第二十五軍（長、山下奉文中将）は、ジョホールバール水道を渡河し、シンガポール島へ敵前上陸、同島要塞に対し攻撃を開始した。

全世界の注目を浴びつつ、世紀の大決戦がここに展開されたのである。

この間にあって第三飛行集団は、先手を打って長駆五五〇キロを距《へだ》てた敵航空軍の第二線空軍根拠地のパレンバン飛行場を襲い、堂々五十機を血まつりに上げたのである。

「大本営発表（七日午後四時四十五分）。陸軍航空部隊は、その主力を以て、地上作戦に密に協力するとともに昼夜を分かたずシンガポールに進攻して、爆撃を反復し、地上軍事施設を爆砕するとともに残存敵機十七機を撃墜破せり。開戦以来シンガポール進攻すること実に六十四回に及べり」

二月八日、第三飛行集団は、昨日に引き続きスマトラ島パレンバンを攻撃し、敵機十七を撃墜破し、前日と合わせると撃墜破は六十七機に上る（私は、この日スンゲイパタニ飛行場に追及到着していた）。

「大本営発表（九日午後零時二十分）。マレー方面帝国陸軍航空部隊は二月七、八日の両日にわたりスマトラ島パレンバン飛行場その他を大挙強襲し、敵機六十七機を撃墜破し、英・蘭空軍に殲滅的打撃を与えたり」

しかしこの襲撃行は、至難事だったのだ。というのはマレー半島の最南端空軍基地よりパレンバンまでは五百五十キロメートルの航程に方《あ》り、海軍の渡洋爆撃隊はいざ知らず、脚の短い陸軍機の当時の航続距離は千二百キロメートルであって、爆撃機でさえギリギリ一杯のところだった。戦闘機では飛んで行くだけ。すぐ反転せねばならず、交戦する時間の余裕をもたない。

だが隼戦闘隊員が、この数字の限界を、闘争心と精神力でもってよく耐えて善戦してくれたことに感謝したい（第三飛行集団作戦主任参謀・宮子《みやし》実中佐の談話を借用）。

二月九日、マレー方面陸軍最高指揮官（第二十五軍）は山下奉文中将と発表され、世人はこの将軍を「マレーの虎」と称して賛えた。

これと前後して初めてわが挺進第二聯隊に降下目標が示された。パレンバン飛行場である。あとで製油所が追加された。しかし目標は概定である。ジャワ島西南端のチラチャップか、スマトラ島南端のタンジュンカランかもしれない。

前述二月五日の慣熟飛行は、分隊長以上の幹部に、降下地の地形を判別させるためのものだった。

挺進奇襲作戦で企図の秘匿は絶対必須の条件とはいいながら、なぜ目標を概定程度にとどめねばならないのか？地上軍のシンガポール占領を紀元節（二月十一日）に予定していたが、未だ陥落していない。直協の航空戦力の不足である。ああ！

上級統帥部のこの辺の雰囲気について、戦後防衛研修所戦史室（担当、岡本武義少佐、四十八期）が各種の資料によってまとめたものによると、次のとおりである。

・南方総軍航空四課、松前未曽雄《みそお》少佐参謀（三十八期）日記
パレンバン飛行場を占領し、南部スマトラ（L作戦）、ジャワ作戦（H作戦）を容易ならしめるを主眼とし、製油所の占領を従とす。

（パレンバン作戦に、第一挺進団を運用する目的について書かれた部分。この松前少佐が二月十五日授与の部隊感状を起案した）

・南方総軍第一課長、石井正美中佐参謀（三十期）資料（作戦担当）

一、自今、第一挺進団を第三飛行集団長の指揮下に入らしむ。
二、第三飛行集団長は、L作戦のため、第一挺進団を左記により運用すべし。

記

第一挺進団は、パレンバン飛行場を占領し、LおよびH作戦を容易ならしむると共に、なし得れば敵の破壊に先き立ちパレンバン製油所を占領確保する。

（昭和十七年一月三十一日の南方軍命令）


この様に説明されている。当時、南方軍は、ジャワ作戦を速かに完了したい、そのために南部スマトラに飛行場を求めたい、と考えていた。資源の取得より作戦が先行することは、あの様なギリギリの場合には当然のことである。

また製油所の無疵《きず》占領は希望事項であって、それ以前に三十八師団の遡江《そこう》作戦が考えられていたのである。

ただわれら挺進隊員は、シンガポール以南に使用されるだろうということは、薄々解っていたが、ハッキリと目標を示されていないのみならず、上長に質問しても「未定、未定」の答えだけだったのである。

これは戦争終了後に聞いたことであるが、これには止むを得ない理由が有ったようだ。事実挺進決行五日前でさえ、挺進降下目標を決定明示されていないのである。

当時、南方総軍司令官（寺内寿一大将）から第三飛行集団長（菅原道大中将）に与えられた指示のうち最大の鍵となっている事項に、

「落下傘部隊の使用は、皇軍陸軍八十年の歴史に初めての出来事である。その作戦決行の成功を望むよりも、むしろ落下傘部隊の安泰を第一義とする」

この上司の意図に対して（あるいは落下傘部隊に対する親心だったかも知れない）菅原第三飛行集団長と、その参謀長・川島虎之輔大佐（陸士、三十一期）は頭を悩ましたのである。

事実、これより一か月以前の一月十一日、海軍落下傘部隊は、セレベス島メナドに降下作戦を行ったが、当時の陸軍眼を以ってすれば必ずしも成功とは言い難かったのである。

まして初の陸軍落下傘部隊使用の成否は、爾後《じご》の使用や士気に影響し、日本全軍はおろか全国民の面目に賭けても成功させなければならない。

当初、川島参謀長は、パレンバン飛行場北方五十キロメートルの地点に降下させ、鹵獲《ろかく》したトラックを利用機動して、パレンバン飛行場を攻撃し、滑走路を確保する、という安全策を平気で練られたのである。これならば物料箱を必ず収拾でき、完全武装してパレンバン飛行場に殺到できるからである。

当時、敵の航空主力は、シンガポールより退避して、このパレンバン飛行場に約二百機ぐらい

集中していたのである。これに対し飛行場に直接降下など、飛んで火に入る夏の虫同然で、危険どころか自滅間違い無し、なので北方五十キロ降下を検討されたのである。

しかし第三飛行集団としては、地上の第二十五軍（山下中将）が、傷付いた二万の将兵でもって、約十万の兵力と火器を有して難攻不落を誇るシンガポール要塞を攻撃、陥落させるべく直接協力できる飛行機を割かねばならない。

実際第二十五軍は、敵を降伏させ、紀元節の佳節にシンガポール入城式を夢見て来たのである。この焦りが有って、山下中将はついに次の語を吐いた。

「一機でも多く友軍機をシンガポールの上へ寄越せ！」と。「そちらは放って置け！」とものすごい剣幕で航空の菅原中将や落下傘の久米大佐に喰ってかかってきた。まさしく喧嘩腰で、落下傘部隊指揮官との同席協議などしてくれなかった。

木下中佐がこの雰囲気を伝えて来た。挺進第二聯隊の将校達は怒った。私は、「ホウブン！（山下将軍のニックネーム）何をぬかすかっ！」とイキリ起った。

「われら降下隊員こそ、南方総軍全般の戦略を考えているんだ！シンガポールの退路を遮断して、その降伏を早めさせるため、先手先手の捨て身戦法を決行するんだぞ！」

と、この時だけは、山下将軍と対等になった気分で、意気衝天の勢いだったのである。

決行する降下目標未決定の第二の理由に、海軍側の都合があった。これは落下傘部隊と地上追及部隊の作戦が、必ず並行して行わなければならない大原則があるからである。

謀略的に行動する場合は別として、大空挺作戦の場合は、降下部隊が敵地上部隊を攻撃または進路上の橋頭堡を確保し、週日を出ずして味方地上部隊が急追して戦果を拡張する、といったところが落下傘部隊使用上の常識論である。このときは南部スマトラの攻撃を計画するL作戦というのがあって、大本営や南方総軍においては、当初、L作戦を二月十二日（マレーのシンガポール陥落を二月十一日？と予測）と予定していた模様である。

しかし、海鷲のジャワ沖での米蘭連合艦隊発見やジャワ沖海戦の開始、また新たに敵艦隊がバンカ島東方沖に現るとの情報が入るなど、L作戦輸送船団の進路を阻まれておったのである。

こういった海軍側の都合や事情で、二月九日、小沢治三郎南遣艦隊指令官と航空協定覚書に調印した。即ち本決定を、

L作戦	二月十五日
パレンバン降下	二月十四日

ここで第三飛行集団長は、第一挺進団（挺進第二聯隊、挺進飛行戦隊を基幹）に、

降下目標　　パレンバン

蘭領東印度諸島図

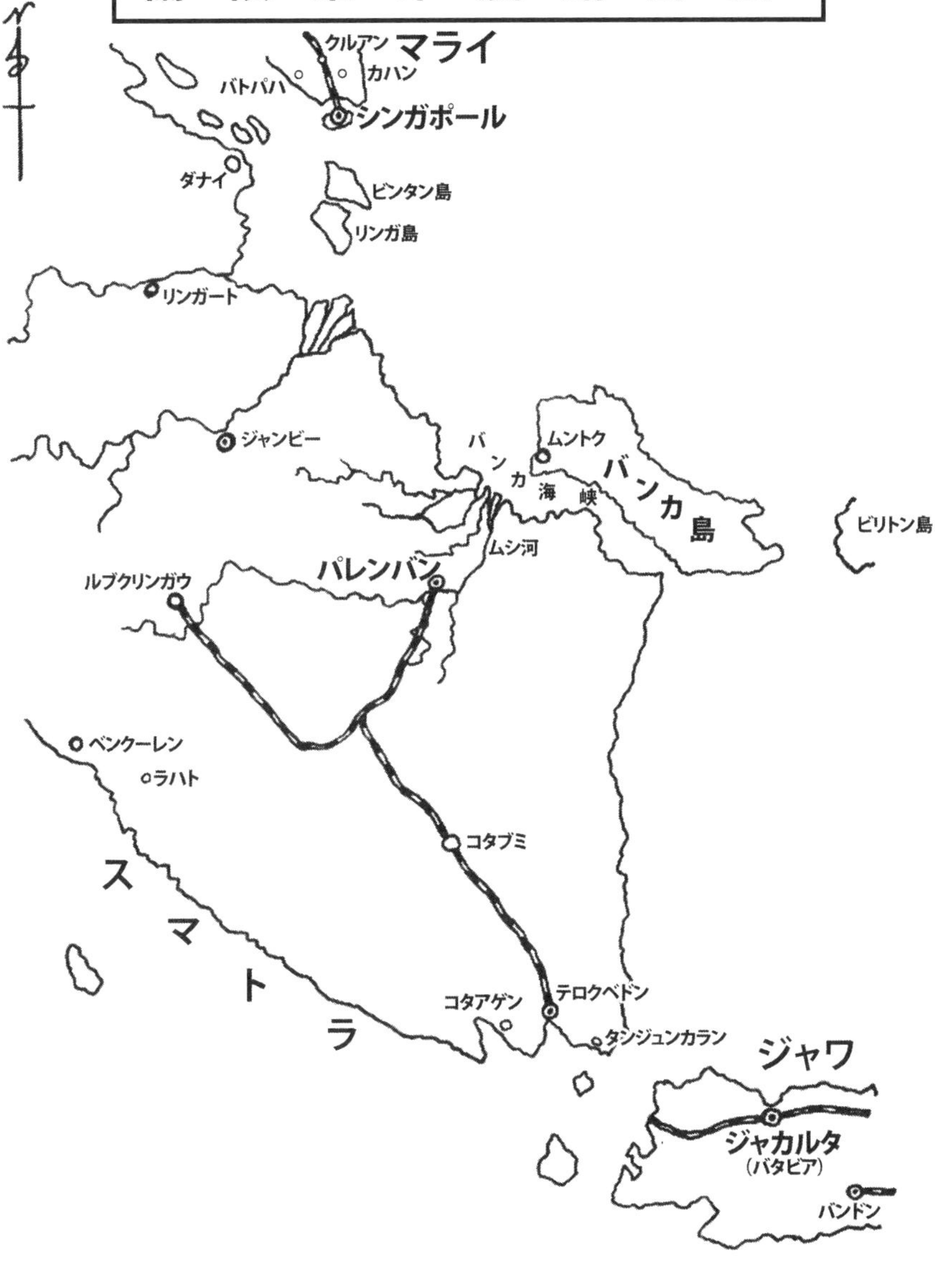

マライ
クルアン
カハン
バトパハ
シンガポール
ダナイ
ビンタン島
リンガ島
リンガート
ジャンビー
バ
ン
カ
海
峡
ムントク
バンカ島
ビリトン島
ムシ河
パレンバン
ルブクリンガウ
ベンクーレン
ラハト
コタブミ
スマトラ
テロクベトン
コタアゲン
タンジュンカラン
ジャワ
ジャカルタ
(バタビア)
バンドン

パレンバン附近図 昭和17.2.14

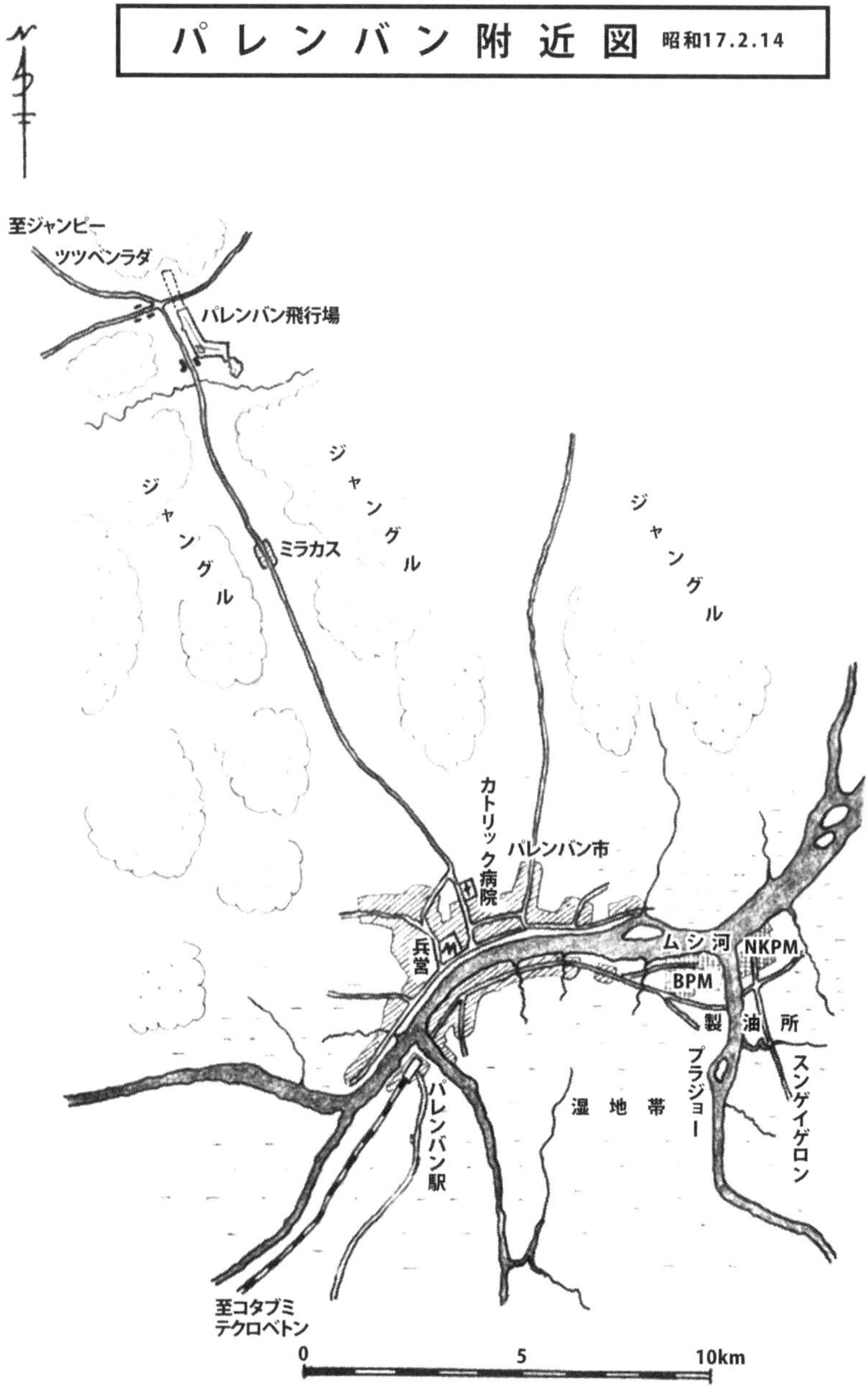

として作戦命令を下達した。

第一挺進団（長、久米精一大佐）もまた即日作戦命令を下達し、団長自ら聯隊主力の降下するパレンバン飛行場横に輸送機（ロッキード型、速射砲一、人員十名）の胴体強行着陸を決断した（団長は高齢で、落下傘降下が出来ないので）。

挺進第二聯隊長、甲村武雄少佐（三十八期）は、これも同日次のように作戦命令を下達。

挺進第二聯隊パレンバン攻撃　作戦命令

二　月　九　日
スンゲイパタニ

一、敵ハ　シンガポール島ヲ堅固ニ確保シ　反攻ヲ試ミテイルガ　ワガ友軍ハ最後ノ猛攻撃中ナリ　シンガポールノ敵空軍ノ主力ハ　パレンバン飛行場ニ回避シテ　シンガポールヘノ反撃中ナルモ　ワガ第三飛行集団ノ攻撃ニヨッテ　ソノ主力ヲ撃砕中ナリ　パレンバン飛行場付近ノ敵守備兵力ハ約五〇〇名、製油所ハ約二〇〇名ニシテ　高射砲ハ両者トモ　数門ヅツアルモノノ如シ　ワガ第三飛行集団ハ　ソノ全力ヲ以ッテ　ワガ聯隊ノ挺進降下ヲ援護スル筈ナリ
二、聯隊ハ　二月十四日　一部ヲ以ッテ　パレンバン製油所ニ降下シ、コレヲ確保シ　主力ヲ以ッテ　パレンバン飛行場ヲ攻撃シ　コレヲ占領　確保シ　敵ノ航空企図ヲ破砕シ　友軍

ノ飛行場基地推進ヲ援護セントス
三、第一中隊（一小隊欠）ハ　製油所ヲ攻撃シ　コレヲ確保スベシ
四、第二中隊（一小隊欠）ハ　飛行場西南側ニ膚接シテ降下シ　飛行場ニ向ッテ攻撃前進スベシ　トクニ一部（三十名）ヲ予ノ付近ニ降下セシメ　予ノ直轄タラシムベシ
五、第四中隊（一小隊欠）ハ　飛行場東南側二キロメートルノ地点ニ降下シ　飛行場ニ向ッテ攻撃前進スベシ　トクニ突撃作業ヲ準備スベシ
六、第三中隊ハ　第二次挺進隊トナリ翌二月十五日、飛行場ニ降下シ　予ノ予備隊トナルベシ
七、各中隊ハ　一ケ小隊ヅツヲ　プノンペン基地ニ残置セシメ　爾後ノ作戦ヲ準備セシムベシ
八、通信隊ハ本部ト共ニ降下シ　製油所降下ノ第一中隊トノ連絡ニ任ズベシ　ナオ第一挺進団通信隊ト協同シ　友軍飛行隊トノ連絡ヲ図ルベシ
九、予ハ　第四中隊ノ右翼側ニ降下シ　主力ノ戦闘ヲ指導ス

昭和十七年二月十日

挺進第二聯隊長　　甲村武雄

右の作戦命令に基づいて次の通りの兵力部署が行われた。

スンゲイパタニでのパレンバン降下作戦会議（昭和17年2月11日）。
左より、帖佐宗親大尉、久米清一大佐、甲村武雄少佐、弘中郁夫大尉。

飛行場（第一挺進団、協力部隊を含む）

第一挺進団司令部……………………十名
第一挺進団長　久米精一大佐（陸士、三十一期）
同　　副官　稲垣芳治　大尉（少候、十七期）
団付通信隊長　上田大三郎大尉（陸士、五十期）
同　　副官　笠松　　中尉（幹候）
第十六軍（今村均中将、ジャワ上陸準備）からの派遣参謀
　井戸田勇中佐（陸士、三十五期）
通訳　　　　斎藤老人（隊員は「当番！斎藤！」と呼んだ）
報道班員（カメラマン）荒木秀三郎
操縦者（口式）野崎幹雄中尉（陸士、五十三期）

右は飛行場東南側に降下する第二聯隊主力の外側に有る比較的開豁地《かいかつち》の草原に胴体強行着陸（陸軍初の試み）し、主力の戦闘を指導することにした。

ロッキード機は十二名を搭載できたが、速射砲と同弾薬を搭載したため過搭載になるので、人員を十名に押さえた。

後述するが、実際は、飛行場より十キロメートル余も遠く離れたパレンバン市西北方のムシ河支流河畔の湿地帯に胴体着陸してしまった。機体は壊れたが、全員無事だ。しかし、離れすぎて降下部隊の戦闘指導はできない。またカメラ、通信機も水で使用不能となり、速射砲も機外に持ち出せず、そのまま遺棄せねばならなかった。

・挺進第二聯隊本部……………………………………………………………………十七名

聯隊長　　甲村武雄少佐（歩兵、陸士、三十八期、京都府）

聯隊付　　帖佐宗親大尉（騎兵、陸士、五十期、鹿児島県）

副官　　中沢　武中尉（騎兵、幹候、熊本県）

軍医　　早乙女光司軍医大尉

通信隊（六名）長　　小牧利治中尉（陸士、五十四期）

聯隊長直轄小隊（斥候）　　水野完二中尉（陸士、五十三期）　三十六名

・東南側攻撃隊（第四中隊、一小隊欠）……………………………………九十七名

中隊長　　三谷博太郎中尉（歩兵、陸士、五十一期、広島県）

付　　　　　　　　　　和田恒壮中尉（工兵、幹候、広島県）
第一小隊　　　　　　　大城　隆中尉（工兵、陸士、五十四期、福岡県）
第三小隊　　　　　　　奥本　實中尉（歩兵、陸士、五十四期、奈良県）
　第一分隊　　　　　　小野勝美軍曹
第二分隊　　　　　　　山本唯雄軍曹
第三分隊　　　　　　　伊藤邦衛軍曹
第四分隊（擲弾筒）　　曽我貞弥軍曹
MG小隊（重機関銃）　　徳村忠孝少尉（幹候、千葉県）

・西南側攻撃隊（第二中隊、二小欠）……………………………………六十名
　中隊長　　　　　　　広瀬信隆中尉（幹候、岐阜県）
第一小隊　　　　　　　蒲生清治中尉（幹候、鹿児島県）
MG小隊　　　　　　　　宇田川博雅中尉（陸士、五十四期、東京市）

製油所（第一中隊、一小欠）……………………………………………九十六名

・BPM工場攻撃隊

中隊長　中尾基久男中尉（幹候、大阪府）
混成特殊小隊　徳永悦太郎中尉（陸士、五十三期、山口県）
ＭＧ小隊　古小路啓一中尉（幹候、京都府）

・ＮＫＰＭ工場攻撃隊
第一小隊　長谷部正義少尉（幹候、大分県）
付　丹羽　曹長

予備隊（第三中隊、一小欠）……………………………九十六名
中隊長　森沢　亨中尉（幹候、和歌山県）
付　足立睦生中尉（陸士、五十三期、熊本県）
第一小隊　井上文夫中尉（陸士、五十四期、神奈川県）
第二小隊　古土井行雄少尉（幹候、兵庫県・淡路島）
ＭＧ小隊　石井　隆少尉（幹候、福岡県）

翌二月十五日、飛行場に降下予定。

挺進飛行戦隊の輸送機が少ないため、止むなく発進基地（カハン飛行場）に集中待機させた。
プノンペン挺進基地に残留させられた小隊群もまた同じ。

プノンペン残留隊……………………………………………百三十名

長、第二中隊小隊長　川畑岩夫中尉（騎兵、陸士、五十四期、鹿児島県）
第一中隊同　池内　清少尉（歩兵、陸士、五十五期、大分県）
第二中隊同　高橋慎三郎少尉（幹候、長野県）
第三中隊同　将月国雄少尉（幹候、新潟県）
第四中隊同　田中一朗少尉（幹候、兵庫県）
聯隊本部兵器掛　数名
第一挺進団連絡掛　数名

挺進飛行戦隊

戦隊長　新原季人少佐（航空、陸士、四十期、山口県）
付　弘中郁夫大尉（航空、陸士、四十七期、広島県）

第一中隊　ロ式　　　　　　筒井四郎中尉（航空、陸士、五十一期）
第二中隊　ロ式
第三中隊　ＭＣ　　　　　　飯淵駒雄中尉（航空、陸士、五十一期）
第四中隊　ＭＣ　　　　　　新海希典大尉（航空、陸士、五十期、福岡県）
整備中隊

協力飛行戦隊（挺進降下部隊の物料箱を投下する）

・飛行第九十八戦隊（九七式重爆撃機）二十七機
　戦隊長　　　　　　　　大坂順次中佐（航空、陸士、三十五期）

協力掩護戦闘隊

・飛行第六十四戦隊（飛行場降下援護）参加機　十五機　加藤建夫少佐（航空、陸士、三十七期）
・飛行第五十九戦隊（製油所降下援護）参加機　十七機　中尾次六少佐（航空、陸士、四十期）

（注）右の二隊は、戦闘機隊で、俗称「隼戦闘隊」。「一式戦」を装備し、この挺進降下援護に合計三十二機が参加した。
加藤少佐は後に中佐に進級、戦死し、少将を贈られ、軍神と仰がれた。

・飛行第七十五戦隊（九九式双軽）　徳永賢次中佐（航空、陸士、三十三期）
・飛行第九十戦隊（九九式双軽）　瀬戸克己中佐（航空、陸士、三十二期）
・飛行第八十一戦隊第二中隊（司偵）　森屋正博大尉（航空、陸士、四十八期）

クルアン飛行場　待機隊

第一挺進団付　木下秀明中佐（陸士、三十五期）
兵器掛　田中賢一中尉（騎兵、陸士、五十二期、静岡県）
軍医　深田（戦後、中村）秀雄中尉（奈良県）
飛行第八十一戦隊（司偵）　柳本栄喜中佐（航空、陸士、三十四期）
第一中隊長（九七式）　大平英夫大尉（航空、陸士、四十四期）
第二中隊長（百式）　森屋正博大尉（航空、陸士、四十八期）

仏印・プノンペン残留隊

隊長　川畑岩夫中尉（騎兵、陸士、五十四期、鹿児島県）
編成は、前記二十七頁の通り。

（注）このように、挺進飛行戦隊（新原季人少佐）の輸送機不足により、挺進第二聯隊（甲村武雄少佐）の各中隊より一個小隊づつを残置せねばならなかった。

降下隊員の発進基地カハン飛行場までの輸送には、第十二輸送飛行中隊が加勢応援してくれた。この隊の操縦者は、戦隊員では無く、軍属《ぐんぞく》であったが、操縦が大変巧みであった。これに比較して戦隊員の操縦は荒っぽかった。

挺進戦隊の保有する輸送機の搭載可能人員は、ロッキード型は降下隊員十二名で、MC機は十三名だった。一名でも、軽機関銃一丁でも増すことは過搭載になる、といって叱られたものである。

「大本営発表（二月十日正午）。シンガポール島要塞を猛攻中の帝国陸軍部隊は、執拗なる敵の抵抗を撃破して、昨九日午後七時、テンガー飛行場を完全に占領せり」

「大本営発表（二月十一日午後零時二十分）。シンガポール島要塞を猛攻中なる帝国陸軍部隊は、本十一日紀元の佳節を迎え、士気いよいよ昂揚、激戦ののち今朝シンガポール島の最高地点プキ・テマの要衝を奪取し、敗退に混乱せるシンガポール市街を指呼の間に俯瞰しつつ鋭意攻撃を続行中なり」

「大本営発表（二月十一日午後八時三十分）。本十一日早朝来執拗なる敵の抵抗を撃破しつつ攻撃を続行中なる帝国陸軍部隊は、午後八時シンガポール市街に突入、敗残英軍を随所に捕捉蹂躙しつつあり」

当時わが全軍、否全国民は、国を挙げてシンガポール攻撃の彼我の死闘に目を奪われていたのである。

ビルマ方面は、その首都ラングーンの攻撃が開始されていた。

われら挺進第二聯隊の降下隊員たちは、これらのニュースを詳《つまび》らかにする暇もなく一意パレンバン降下準備に専念し、大事な落下傘よ「必ず開けよ！」と開傘祈願祭を行って、兵隊に落下傘の折り畳みを再点検させ、分隊長以上の幹部をゴム林中に集め、砂盤を造り降下地点の地形を模造して、兵棋演習を行った。

「大本営発表（二月十二日午後零時二十分）。シンガポール島要塞を攻撃中なる帝国陸軍部隊は、昨十一日プキ・テマ方面より敵陣深くシンガポール市街に楔入《せつにゅう》して、要塞の死命を制するとともに、更に強力なる部隊をもって北方方面より敵陣地を席巻し、各方面空陸呼応して、本十二日払《ふつ》暁《ぎょう》来、貯水池周辺の敵軍主力に対し大殲滅戦を展開中なり」

「大本営発表（二月十二日午後一時）。マレー方面帝国陸軍航空部隊は、前日に引き続き昨十一

開傘祈願祭（2月11日）。祭壇にパラシュートを積み、開傘を祈る挺進第二聯隊の降下隊員たち。

日その全力をもってシンガポール島要塞、貯水池周辺地区の大殲滅戦に協力するとともに大挙して退避準備中の敵艦船を襲撃し、一万トン級（兵員満載）一隻撃沈、三千トン級九隻に多数の命中弾を与えたり。我に損害なし」

二月十二日、わが挺進第二聯隊は、マレーのスンゲイパタニならびにその隣接のケチル飛行場に在って、猛暑の中を降下後の地上戦闘訓練をやっていた。

各中隊は、分隊長以上を集めて、友軍偵察機（第八十一戦隊・森屋大尉）の撮影して来た各種の空中写真を基礎にして、戦闘要項を部下たちに指導して行った。

ケチル飛行場は北緯六度。暑いこと、暑いこと。私自身もブウブウ言っている頃、

挺進降下直後の地上戦闘訓練。

「隊長殿！夏負けの薬が有ります！」

と言って駈け寄ってくれた者がある。聯隊本部の主計下士官・菊地喜代治主計軍曹である。滑走路横の端っ葉で葺《ふ》いた敵の兵舎から収拾してきた鹵獲品である。有難い。封を切って一口飲み、部下たちに回し飲みさせた。嬉しい悲鳴をあげる伍長がいた。

(注) 菊地軍曹は、後日私がパレンバン飛行場付近のジャングルの中に降下して彷徨っているとき、初めて私と逢うことが出来て、以後私と一緒に奮戦してくれた。一般下士官以上の働きだったので、個人感状に共に名を連ねて貰った。北海道函館市の出身で、父は亡く、妹と共に母独り手で育てられていた。合掌。

また訓練は、降下窓から各員の降下速度を〇・五秒になるよう努力させせた。迂闊に一秒もかかると、地面に着地したとき先頭降下者と末端降下者との間隔が千百メートルも離れてしまい、隊伍戦闘が発揮できない。これがために三人組戦法を督励した。

スンゲイパタニ飛行場では、真っ白い落下傘の傘布にインクや急造塗料で色彩を付けさせ、隊長や火器の位置の目印とさせた。

私はスフの日の丸国旗に、枝を折り石で叩いて急造の筆にし、青インクで「本日ノ給養ハ、靖国ニオイテス　奥本」（給養とは、給与と休養のこと）と大書し、分隊長らにも書かせ、私の首に巻いて下りることにした。

私のいちばん困ったことは、部下三十二名の名前と顔を覚える暇がないことである。私は何回か支那の戦場での経験があるので、第四中隊は勿論のこと、聯隊、挺進団、他部隊との連絡、交渉などにコキ使われて？居たからである。ドラム缶風呂も入れず万事スコール浴で済ませていた。明日はもう最後の発進基地カハン飛行場へ飛ばねばならない。時間がない。部下の顔が覚えられない。咄嗟に声を出した。

「鋏を持って来い！頭髪を丸く刈れ！」「俺の部下は、戦死したら懇ろに弔ってやる！」と、もう気短かに怒鳴っていた。部下たちは即座に頭を日の丸の形に刈り込んだ。

後日内地での新聞報道の第一報記事「日の丸頭で、奮戦。奥本中尉ら」と出たのは、このことである。

二月十一日、紀元節の佳き日である。地上部隊の第二十五軍（山下中将）は、未だシンガポー

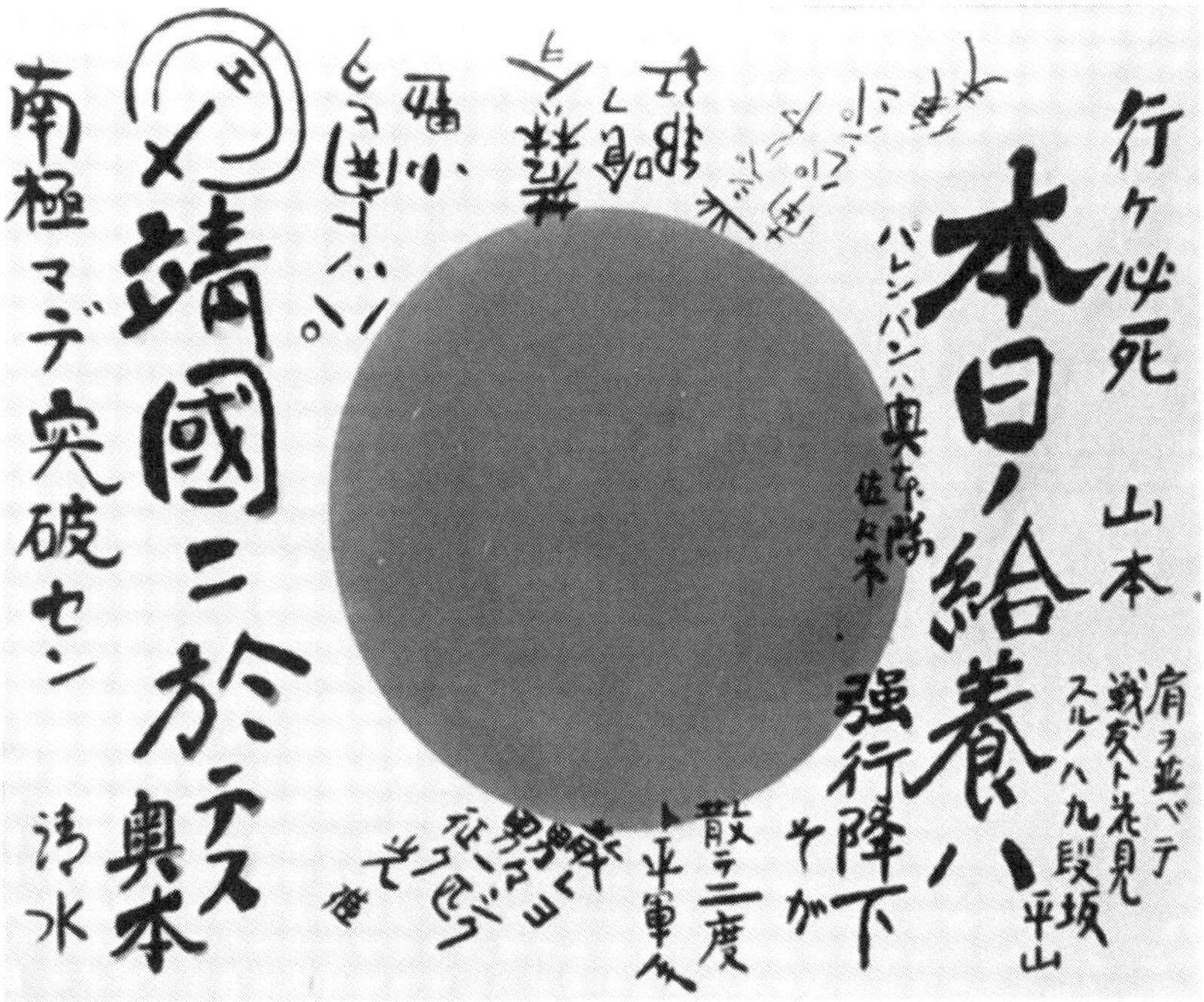

パレンバン降下時、奥本中尉の首に巻かれた日の丸の寄せ書き。

ルを陥落させていない。落下傘の降下は未だか！戦機を焦る。まだか、まだか？

第一挺進団長、久米精一大佐から訓示があった。当時の私の日記を見ると、

「二月十一日、昨日L作戦が延ぶ。本日はマレー半島の一角に、紀元の佳節を迎う。挺進団長の訓示あり。覚悟更に新なるものあり。この佳節に際して八紘一宇の大御心を以って世界を改造せんとす。正に世界維新を建設すべく、世界紀元元年を迎うべし。

ロッキード一機、着地に際して事故のため、曹長以下八名負傷。事故少なきを願うや切。

将校会報、命令伝達あり、作戦準備着々とす。パレンバンの敵の夢路や如何？」

「二月十二日、スンゲイパタニ最後の日。基地を巣立つの前日。兵をして遺言、髪、爪の準備をなさしむ。小隊印の頭の中央に刈り込みの日の丸頭に趣きあり。

輸送機の関係上、兵二名を残置すべく命じたるも、兵は容れず。喧嘩腰にて作戦参加を望み、死を共にせんことを誓い来り泣く。ああ、親の子を失うが如き気持。何人といえども、敢然として残すを得んや。思えば可愛き部下なり。これを見ること嬰児の如し。これと共に赴くべく、これと共に死すべし。

小隊標旗の日の丸に、予は「本日ノ給養ハ、靖国ニ於イテス」と記す。他の幹部にも寄せ書きをなさしめ、標示となすこととせり。忠死か、将又《はたまた》割腹か？」

総ての挺進隊員は、このように志気高く、ファイトに炎え切っている。誰人も「われこそ落下傘挺進の先陣を承らん」と血気に溢れていて、残置など命じたならば、それを恥じて自爆しかねない。それを心配して、各幹部は、各自の弾薬、手榴弾などの実弾を決行前夜の遅くまで手渡さなかったほどである。

協力隊の司令部偵察機の飛行第八十一戦隊第二中隊（森屋正博大尉・金鵄功五を持った人）の三機が、パレンバン付近を偵察、撮影してきた空中写真を入手することができた。さらにまた第十五独立飛行隊から提供された情報を総合すると、パレンバン落下傘降下地付近の敵情は、次の様な様子であった。

（注）普通の地上部隊の敵陣攻撃には、敵陣に接近し、隊長らの双眼鏡、観測鏡、梯尺《ていしゃく》の小さい地図、写景図、将校斥候の偵察を総合して、攻撃部署し、決行するのであるが、敵陣の縦深が案外不正確である。しかし此の空中写真は、敵の第一線が不明確だが、敵陣の縦深がよく判明していて有り難い。地上戦も、空中降下戦も、互に利害得失があった。

飛行場

一、敵兵力　五百名（戦後の敵側戦史では、蘭軍ヌーボル大佐の指揮する英蘭豪軍の混成軍、五百三十名だった）

二、高射砲・機関砲　八門（実際は、十八門有った）

三、その他に空中勤務者（パイロットのこと。小銃は持たないが、拳銃は所持する）

四、飛行場とパレンバン市を結ぶ道路上には、自動車の往復を認める。

五、滑走路（南北に伸びた）西側横に、米空軍の最精鋭を誇る空の要塞（B17）一機あり。わが戦闘隊によって攻撃を加えたるも、炎上するに至らず。降下の地上戦闘においては、その機上の火力を軽視できない。B17機の付近ならびに東西滑走路の南側付近に、計二十数機の小型機を認むるも、その数は、日によって増減甚しい。わが航空隊の数次の攻撃によって、シンガポールより退避した敵機は激減しているが、スマトラ島南端付近の敵周辺飛行場およびジャワよりする反撃来襲を顧慮すること。

六、問題は、パレンバン市から来ると予想し得る兵力の多寡およびその機動能力である。飛行場よりパレンバン市内の兵営まで距離十五キロメートル。自動車機動時間は二十分間ぐらいである。両者間を結ぶ道路は、アスファルト舗装で、幅は八メートル。走りつつ自由に行き違い通行できる。

七、飛行場周辺の地形は、一般に疎林または草地であるが、凹地は密林にして川や湿地を含んでいる。

八、滑走路の南端より放射している白い線は、クリークまたは川であって身長を没する水深かもわからない。一本道路との交差点に長さ十メートルぐらいの橋が二つかかっている。

九、ピスト（指揮塔）、事務所、兵舎がこの飛行場の心臓部である。

十、高射砲陣地には、急造兵舎があって、絶えず敵兵が待機している。二十名ぐらい。

十一、滑走路の東西に、各一基づつの無線塔あり。高さ、五十メートルぐらい。

パレンバン第二飛行場（右の第一飛行場より二十キロメートル離れているが不確認）

地上兵力　約二個中隊

敵飛行機　爆撃機　三十八機

ハリケーン　二十一機　これは後にジャワへ退避した。

スピットファイヤー？

製油所

一、敵兵力　J・S・ラジーア大尉を長とする五五〇名
二、高射砲、十門。高射機関砲、五門。わが機の偵察時、BPM工場より二門が射っているのを認む。
三、工場技師多く、戦闘能力は無い。守備兵力は高射砲隊が主力。
四、パレンバン市街からする敵兵力の移動は、ムシ河の障碍のため早急機動の実現がむつかしい。ムシ河は、一名パレンバン河と称し、ブラジュー付近における川幅約八百五十メートル。バンカ海峡より上流四十三浬にあり。濁流なるも干満の潮の影響をうくることなく、五〜六千トン級の船の入港を許す。各所に渡船場あり。警備艦もあり。
五、製油所周辺は主として湿地帯である。
六、敵が若し石油をムシ河に放流し、放火せるときは、バンカ海峡より上る三十八師団（佐藤忠義中将・鬼怒川丸）の先遣隊（田中良三郎大佐の指揮する歩兵一大隊、砲兵一中隊、工兵一中隊が基幹。歩兵第二二九聯隊）の遡江増援に支障あることを予期す。
七、各所に露呈しているパイプラインは、ムシ河上流山地より敷設したもので、中断破損の無

いように留意。

パレンバン市

一、市街の中央に敵兵営有り。兵力、五百名？
二、この敵兵営付近で、高射砲の射ってくるのを認める。
三、パレンバン駅へ、および製油所への敵兵力の移動は、ムシ河の渡航に十隻ぐらいの小舟あるも、早急機動はやや困難か？
四、パレンバン市から飛行場へ通ずる道路は、ただ一本だけ。距離十五キロメートル。途中約六キロメートル、道路東側にゴルフ場。
五、兵力機動は、容易で頻繁。飛行場へは自動車で二十分。

大体において、このような敵情を基礎にして、降下作戦計画が練られていったのである。一般の地上部隊の攻撃のための情報と比較すると甚だ杜撰なものであるが、友軍戦線より遥か五百キロメートルも距たった長距離の偵察では当然なことであり、挺進部隊としては、これだけの偵察でもすでに十分の偵察だと喜ばねばならない。

この偵察を成し遂げた森屋正博大尉に、深い敬意を表したものだった。

第二聯隊（甲村少佐）主力の降下方面は、着地後の隊員終結を容易にするため、空中写真のなかの草原を選んで、なんでも、かんでも、飛行場の滑走路へ！滑走路へ！滑走路へ噛みつけ！と寝ても覚めても、頭の中に描いていたのである。

速く滑走路を奪取確保し、友軍の飛行機を一刻も早く着陸させ、ガソリンを補給して直ちに離陸、敵の逆襲反撃部隊を空中から攻撃し、なおまた友軍航空部隊の主力に、ジャワ島に上陸する第十六軍（今村中将）の上陸援護をさせ、以って南方総軍（寺内大将）の戦略目標を達成させなければならないのだ。これが今次挺進第二聯隊の大使命なのだ。

飛行場と製油所、「二兎を追うもの一兎も獲ず」であってはならない。どんなことがあっても、飛行場の滑走路は取らねばならないのだ。

そして降下方法の骨子が、第一案から第五案までたてられ、それぞれの戦闘指導要領も検討されていった。

結局三個案ぐらいに纏められ、甲村聯隊長、久米挺進団長の決裁を得て、最終案に決定したのである。

この問題のキーポイントは、目標に対する直接降下か？間接降下か？である。

海軍落下傘部隊の例は、直接降下が多い。両者共それぞれの長所、短所がある。

敵の火力装備が完備している場合は、直接降下は、「飛んで火に入る夏の虫」である。さりとて間接降下の場合は、短期決戦を求めることは困難である。敵をして時間を稼がせ、対応処置をなさしめるだけである。

加えてわが挺進部隊には、輸送機不足で、挺進降下人員において絶対数を確保することができなかった。帯に短し、たすきに長し。痛し痒し、である。一兵の戦力といえども貴重な価値を生ずる。結局間接降下と決って、その欠点を補うべく、不意急襲戦法と、滑走路直行主義が採用されたのである。一兵に到るまでそれが強調された。

挺進戦隊からは、新原少佐戦隊長付の弘中大尉らが、しばしば降下隊員の戦法討論の会合に顔を出して聞いておられた。そして戦隊側として、それでは航行不能、進入不能だとかの輸送機の困難などを一切口に出さず、万事降下隊員の企図や意思に一任されていたことは、有り難い限りだった。

初めての挺進隊員を養成するのに、内地の宮崎県内の新田原や唐瀬原《からせばる》では、輸送機の高度は八百から千メートルで、戦地高度は、五百メートルに決まっていた。落下傘布に孕《はら》む空気の体積によって、降下隊員の速度が、秒速六から四メートルぐらいに変化する。降下隊員の武装の重さに少々の変化はあるが、大して変わらない。降下場の風向、風速は大いに影響する。上昇気流に遭うと、さっぱり降下しない。敵前ならば敵からの射撃の的になる。

後述するがパレンバン飛行場では、三百メートル以下で、開傘まもなく着地だった。輸送機の胴体が、谷間に密生する樹木（ジャングル）の上端を擦るように感じた。輸送機から飛出して着地まで三十秒余しかなかったように思う。


あの降下から既に五十年も経過しているので、言わせて貰おう。

事前協議した草原の地に落下傘兵を降下させることなく、飛行戦隊が、敵高射砲の射撃を恐れて？退避して？挺進第二聯隊主力を、滑走路より更に遠隔のジャングルに降下させたのである。計画が外れることは始終有ることは戦場の常ではあるが、この場合酷すぎた。

戦闘終了後、この失敗やその責任問題が厳しく云々されて、将校たちの大幅移動転出を見るに到ったことは、悲しいことだ。


話を元に戻そう。

二月十三日の最後の日を迎えた。私の日記を記してみよう。


「スンゲイパタニ離陸。カハン展開基地に着陸。一斉にスンゲイパタニを飛び立つ。一路南へと驀進す。行くゆくマレー半島、ピナン島の大海に横たわるを見るあるのみ。無事展開基地たるカハン飛行場に着陸す。シンガポールまで僅か百キロメートルのみと。敵機しばしば爆撃し来れる跡あり。シンガポールにて爆音砲声聞ゆる感あり。夜になるやシンガポールに炸裂光が明滅する。夕食は内地米のうまいのを口にし、ウイスキーを乾す。大谷俊夫軍曹、悲憤慷慨の情、予（私）にその胸中を披瀝《ひれき》し来る。予は斯《かく》の如き部下を持ち喜びとなす」

（注）初めから輸送機が少なく、プノンペン基地に隊員を残留させているのに、機の故障のため、更に残留を命じたが、同軍曹は強引に私の機に搭乗してきてしまった。翌日パレンバン飛行場付近に降下奮戦、負傷し、後送させ、台湾の陸軍病院で戦死した。

このように全隊員は、死に臨みつつも「われ戦わん」「われ先陣を承らん」との意気込みは非常に強いものがあった。

この日各隊員に弾薬を支給し、一部はクルアン飛行場へ赴いて、爆撃行から帰ってきた飛行第九八戦隊、重爆撃機の爆弾倉に、別投下の物料箱を整然と懸吊した。

航空軍最高指揮官から訓示が来た。

訓　示

大東亜戦争　正に酣《たけなわ》にして　敵の牙城シンガポールの攻陥　目睫《もくしょう》に迫り　戦局更に一躍進を見んとするの秋《とき》に方《あた》り　我陸軍嚆矢《こうし》の挺進作戦を　決行せんとす　諸士　選ばれて此の壮挙に参加す　諸士の栄誉や無上なりとや云うべく　其の責務や重大なりと　云うべし

惟《おも》うに事を成すに方り　周到なる準備と　果敢決行の大勇猛心とは　必須の要件なり

況《いわん》んや本作戦に於いてをや　諸士は寸刻を惜しみて更に準備の周到を期し　一度挺進して之を断行するや　疾風迅雷《しっぷうじんらい》　敵をして対応の策なからしむるを要す　之がため須《すべか》らく肉を斬らして骨を断つ捨て身の戦法に徹し　初めて克《よ》く赫々《かっかく》の戦果を期し得る所以を肝銘すべし

第三飛行集団長菅原道大中将

而《しこう》して此の壮図たるや実に全軍凝視の下に決行せられ　皇国戦史に不滅の光輝を放つものにして　諸士の壮途に対しては　必ずや天地神明の加護あらん　諸士よ勇み征け

昭和十七年二月十三日

第三飛行集団長　菅原道大

一字一句が身にしみる。もうここまで来れば、満杯に張られた弦に当てがわれた鎮西八郎源為朝の強い矢も同然である。

カハンそしてクルアン飛行場は、マレー半島の南端近く、まだ日本軍が占領したばかりの位置にあって、ゴム林に囲まれている。兵舎など到底無い。その傍らのゴム林に全隊員露営である。ゴムの木に携帯天幕を張って、スコールや夜露を凌ぐだけである。夜になった。ローソクが点《とも》される。

シンガポールの上空に、稲妻が光る。夜戦が続けられているのだろう。挺進隊員は総ての準備は終わっているが、何かざわわして落ち着かない。ゴムの木で猿が奇声を発する。ヤモリが噛みつきにくる。誰かが大きなトカゲを捕まえたらしい。

各中隊幹部だけが最後の別れの杯を交わし合って寝に就いたのが、夜の十二時を過ぎていただろうか?ウトウトとした頃である。寝ていた私の脚を引っ張る者がある。

「もう寝ておけ!明日は早いぞ!」

と私が言ったが、部下は一向に聞かない。私の部下だが、私と一緒に飛行場に降下するのではなく、製油所に降下する特殊任務をもった徳永小隊に戦闘間だけ配属された坪井伍長、勝俣兵長である。

「隊長殿と一緒に死ねないのが残念です。しかし隊長殿の骨は、私が拾います。私の骨は隊長殿が後で拾って下さい。製油所では、絶対他の誰にも負けず、必ずやり抜きます。私の骨をきっと頼みますよ」

と、最後の別れに涙を流し、私の手を固く握って堅い決意の程を述べに来たのである。実際に勝俣兵長は製油所降下で最高の勇猛ぶりを発揮した（トッピングに昇り日の丸の旗を掲げた殊勲者である）。私も固く手を握り返したのである。

隊長と部下の姿！私は武人冥加《みょうが》、男冥加に不覚にも泣いたのである。このような姿は他のどの挺進隊員にもあった。

古い言葉に「つと出でん、つと出でん」との名文句がある。悍馬《かんば》に乗った武将のその馬の勢の強いことをいうのである。私のこの時の気分にマッチした言葉である。

私の脳裏に強く烙き刻まれた、あの特異な形をしたパレンバン飛行場滑走路。また滑走路の交差点の、押しつぶした菱形のような印象が去来したまま、うつらうつらとうたた寝をしたのだろうか？世紀の一大事を決行する南国の露営での夢だ。センチメンタルな南十字星の風情など一向に湧かない。スコールの雲と猿の鳴き声に、総てが打ち消される。

昭和十七年（一九四二年）二月十四日。思い出の多いこの日である。

昨夜は挺進決行の興奮に眠れなかった者が大勢いたようである。不寝番の声で起こされたのが午前四時。真っ黒い夜である。私は当番兵の荻山兵長（愛知県出身）が折り畳んでくれた落下傘を担いで出発準備を終えた。ローソクの火を明かりに、各隊員が手を繋いで、ゴム林の木間を縫って飛行場へ出た。夜はまだ明けていない。なおも降下後の手配を部下隊員と打ち合わせて万全を期した。

第一挺進団長、久米精一大佐より訓示があった。

訓　示

本作戦こそ、対蘭印作戦の天王山である。諸士こそ日本初めての精鋭な落下傘隊員である。ここまで漕ぎつけた以上は、もう敵情の不明、敵兵力の多寡《たか》を打算するの時期はすでに過ぎた。挺進戦闘の要訣《ようけつ》は、あくまで奇襲、急襲に徹するにある。是が非でも飛行場と製油所を確保せよ。一人一人の奮迅の健闘を頼んだぞ。

団長たる我輩も、自ら飛行場付近に強行着陸して、皆と一緒に闘うんだ!

挺進第二聯隊長、甲村武雄少佐からも次のように、

訓　示

わが聯隊に与えられた攻撃目標パレンバンは、正に対蘭印作戦の天王山である。そもそも挺進

の要訣は、あくまで急襲に徹するにある。すでに作戦任務は与えられた。要は攻撃精神を最高度に発揮し、奇襲につぐ奇襲をもってする一あるのみ。

もしそれ戦闘外観華麗を予想する者ありとすれば、思わざること甚しきものにして、その余弊の及ぶところ真に測るべからざるものあるべし。最後の一兵に至るまで任務に邁進する必要は、予の平素諸士に要求せるところにして、その精神の地道なるは、一般地上戦闘員に比し、勝るとも劣らざるものである。諸士は深く思いをここに致し挺進報国の至誠に徹しつつ各任務に向かい、隊長を中心とする熱火の一丸となって邁進せよ。

パレンバン降下作戦を見事成功に導いた甲村武雄挺進第二連隊長。屈辱的な敗北を喫した連合軍は、戦後、戦犯裁判で甲村少佐を死刑にした。

昭和十七年二月十四日
挺進第二聯隊長　　甲村武雄

時に午前八時、久米挺進団長の発声で、漸《よう》く薄く明けてきた東方に向かい、宮城遥拝、万歳三唱。つづいてこれが最後だと、コップに酒を注ぎ、飛行場整備隊員らのサービスで一同乾杯。

もうこの時には挺進飛行戦隊（ロッキー

ド型とＭＣ機の輸送機）の始動の音がけたたましく耳をつんざき、人の言葉も聞こえない。物料箱で兵器を投下する飛行第九十八戦隊の発進基地クルアン飛行場も同様だったことだろう。

私も昨日隊員とともに寄せ書きし、「本日ノ給養ハ、靖国ニ於イテス　奥本」と署名した日の丸の国旗を首に巻きつけ、プロペラの爆音疾風の中をお互いに手で合図しつつ一番最後に機上の人となった。

落下傘の外皮の橙色が深く瞼にしみこむ。「異状無し！」副操縦士の陸軍曹長が扉の私の傍に来て「しっかり一緒にやりましょう！」と手を堅く握っている。

離陸発進！

一機、二機、三機、　四機、五機、六機、　七機、八機、九機………。

次々に飛び立つ挺進飛行戦隊の威容というか、壮観というか、まさに見物であっただろう。時に午前九時！

天候われに味方してか、全空晴れての好天気である。重任を担った挺進降下隊員を載せている

カハン基地出発前、整列する挺進隊員たち。

ＭＣ機（百式輸送機）に次々搭乗する挺進隊員。

ためか、はたまた過搭載のためか？いずれの輸送機も、滑走路の半ば過ぎても車輪が浮かない。滑走路の末端でやっと地を離れ、周囲のゴム林スレスレで機体を浮かせて行く。正にオーバーラン手前一歩というところだ。

日本陸軍八十年の歴史に初に点ずる落下傘部隊の出撃である。飛行場周辺に居た整備隊員や空中勤務者らが全員飛行場に出てきて、手に手に日の丸、棒、たすきを振ってくれている。このわれらの特攻隊員に比すべき壮挙を心ゆくばかりに、機影が消えるまで、地上の人が小さく点となるまで、旗などを振って見送ってくれた。

これに呼応してクルアン飛行場を離陸した物料箱を投下する九八戦隊、編隊を援護する隼六四戦隊、隼五九戦隊らを合して八十八機の大編隊が、マレー半島を日蝕にせんばかりに大群となって南の空を指し、雄々しく進発した。高度二千メートル。

開戦以来、このような大編隊が、一度に飛ぶことはなかったかもしれぬ。どれだけパレンバン飛行場の確保が急がれているかが窺《うかが》える。その期待がわれら挺進隊員に懸けられているのである。

離陸二十分後、副操縦士が指さす方向を眺めると、猛虎が吼え狂いたけっているように、英国、極東の牙城シンガポールが、まさに断末魔の様相を呈している。黒煙が数本、濛々と昇っている。敵セレター軍港の燃料タンクが爆発炎上中だ。

地上の友軍第二十五軍（山下中将）が総攻撃に入っていて、敵の臨終の足掻きがアリアリと読み取れる。

戦えば必ず勝つ挺進隊員の信念が、益々炎えて肩を叩き合い、互いに見合わす顔と顔。ニッコリ微笑む面魂。

足下に敵の心臓を踏みつけ、更に遠く脚と腕を伸し、もう一つの敵の急所を突く巨人像を連想して、菅原飛行集団長は、その航空人の本懐を次の漢詩に託して述べ、当時の日記に記されている。

巨人像　　　　　　瀾渓・菅原道大

大小鷲鵬聯翼同　（大小の　シュウホウ　翼を聯《つら》ねて　ともに、）

緯南万里駕天風　（緯南　万里　天風に　駕《が》す。）

偏祈斯挙収殊績　（偏《ひとえ》に　斯《こ》の挙　殊績を収めんことを　祈って、）

目送全機明滅中　（目送す　全機　明滅の　中。）

編隊は、マラッカ海峡を飛び渡り、スマトラ島の東岸に沿って南下。高度三千メートル。挺進飛行戦隊長、新原少佐の操縦する機には、挺進第二聯隊長、甲村少佐、同副官、中沢中尉が搭乗して先頭をきり、一心同体。

強行胴体着陸する機には、野崎中尉が操縦して、第一挺進団長、久米大佐らが搭乗している。皇軍の先鋒を担って落下傘兵三三六名の心は躍る。

やがてスマトラ島の東海岸線が見えた。シンガポールの黒煙はここまで届いていた。編隊はこの海岸線に沿って南下し、赤道を越えてわれわれは南半球上の人となった。かの有名な加藤隼戦闘隊らが三々五々、上になり下になりしつつ、木の葉のような身軽さでわが編隊を援護して居てくれる。ずうっと近づいて来ては、隼戦闘隊の操縦士が、手を振って合図をしてくれる。

「しっかりやれよ。後はわれらが引き受けた。安心して暴れ回ってくれ！」

と言っているのだろう。口がモグモグ動いているだけで、飛行爆音に消されて、われら落下傘兵には全然聞こえない。手真似で「成功を祈る」と言っている。全く心強い限りだ。

下を見ると、そら色の海が平たい板のように横たわり、その上に点々と白い斑点がある。本当に綺麗だ。大海の波頭なのだ。船に在れば波濤渦巻く浪も、高度三千メートルから見ると美しい花畑のようだ。

そしてスマトラ島の全海岸線が、丁度世界地図でも見るようにそっくりそのまま横たわっている。海岸線を取り巻く大小の小島も絵のようだ。

私（奥本中尉）の搭乗機、一〇六号ロッキード機内では、平素の訓練時にはいつでも飛行機酔いする新島伍長が、今日は一向に酔っていない。緊張しているためだろう。他に誰一人酔った気配の者もいない。時刻はまだ昼まで余程時間があるのだが、腹を減らしているのだろうか？対馬一等兵は、雑嚢から昼飯用の海苔巻き寿司を出し、貪り食い始めた。発進基地よりの心尽くしの食事なのだ。そして互いにニコニコして私の顔を見ては自分の雑嚢を叩いている。その意味は私だけに判っている。基地で私は、装具がかさむので、持っていたミノルタカメラを基地に残そうと思った。そうすると傍らに居た樺太出身の図太いど根性の対馬一等兵が、

「隊長殿！私の袋が空いておりますから、私が持って下ります。散々暴れ回るイイ所を写しておいて下さい」と言うのである。そしてウッフッとほくそ笑んでいる。こういう桁外れの図太い人に限って、戦場では勇敢である。事実ものすごい勇敢な働きをして戦死したのだ。惜しい！樺太・大泊の漁師、対馬佐吉の子である。

死を直前にして勇士の心は、心にくいほど落ち着いている。

私は基地プノンペンで買い入れた香水を、今日の日のためコッソリ持ち続けて来たのである。それを出し、封を切り、数滴身体に振りかけ、次々と隣の者に散布させた。

「汝！死に際して、汚臭を敵国に残す勿《なか》れ」

と、ツワモノの身嗜《みだしな》みである。

それから降下帽を脱いで、第三小隊標識の日の丸頭を剥きだし、互いに見合わせ笑っては、「やろう！」と堅く一語だけを交わしている。私は、

「皆の者よいか。ようく聞け。あの草地に降下したら、直ぐ武器を収拾せよ。拾ったら直ぐワシ

の許へ来い。ワシより前方へ絶対出るな。ワシを皆の楯と思え。もしワシが見つけられなかったら、飛行場の滑走路へ直行せよ。出来るだけ単独行動するな。三人づつ固まって行け！あの空中写真のドロ沼や繋留地など屁とも思うな。死角が必ずある筈だから、それを利用して敵火を衝きとばせ」と。支那大陸戦線で何回も殊勲を樹ててきた私は、こんな大言も出来たし、部下たちに安堵感を抱かせていた。

飛行して二時間ぐらい経過したころ、スコールに襲われた。操縦舵が急変。挺進兵の鉄帽がゴツンと輸送機の天井に衝き当たる始末。こういう時は、アッハッと笑うに限る。

上下に随行して来た隼戦闘機が、前方の黒い雲の一点へ吸いつくように超スピードで飛んで行ってしまった。すばらしい早業だ。黒雲の影で接近した敵編隊を発見したのだ。

この空中戦で、敵ハリケーン戦闘機十機と戦い、二機を撃墜した。また敵ハリケーン機五機が、わが重爆撃機（挺進隊の物料を搭載）に向かってきたので交戦、その一機を撃墜して午後一時ごろ、第六十四戦隊の一部は基地

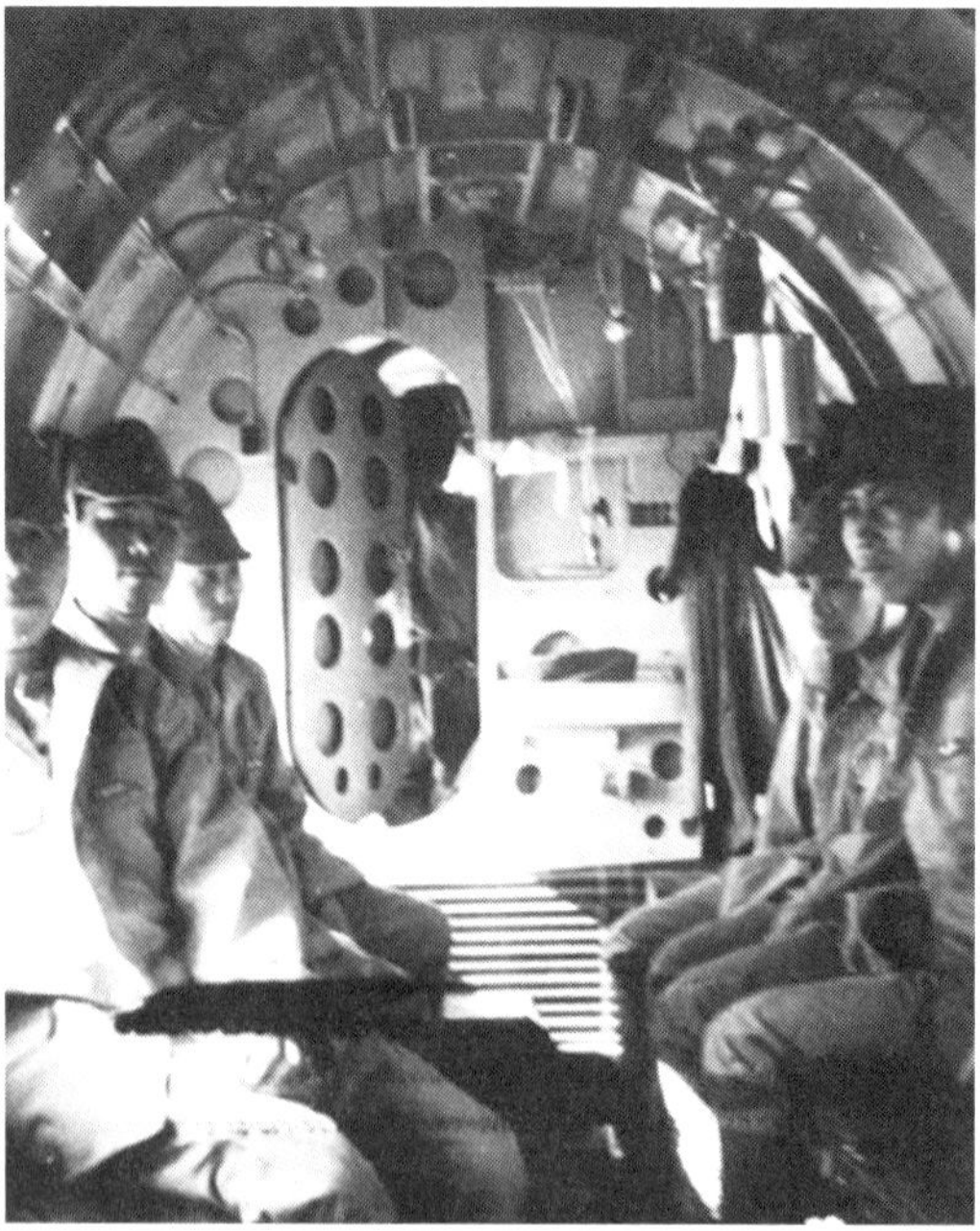

輸送機内の挺進隊員たち。

に帰投した。

挺進隊員の気は引き締まる。

挺進飛行戦隊長の新原少佐は、部下編隊を黒雲群の中へ誘導した。この機宜に適した処置で挺進編隊はみな無事。敵機を回避できたのだ。

そうするともの凄いスコールだ。二~三機隣の僚機さえ見えない。機内の天井からポタポタと雨漏りして隊員の体にふりかかる。誰かが天井を向いて「あっは、あっは!」と笑うと、全員が一斉にドッと笑う。心の緊張がほどけた。

しかしこれも束の間、編隊が黒雲を通り抜けたころには隼機一~二機が追及して来てくれた。

バンカ島のムントク近くだろう。編隊は大きく右に旋回した。パレンバンに近づいたのだ。ムシ河が見える。ムシ河だ!と叫んでやる。機は高度を下げて行く。編隊はムシ河に覆い被さった。機と地上の機影がひっ付きそうだ。

「降下用意!」と私は号令をかけて、降下窓を開こうとする。

「しまった!」超低空のためか、機の胴体が歪んだのか?降下窓が開かない。引っ張っても、引っ張っても頑として開かない。曹長の副操縦士が扉の所までかけつけてくれて、三人で引いたが固い。他の機を見ると扉を開いて降下姿勢をとっている。不覚だ!「降下!」のブザーが鳴る。

編隊の最先頭降下者、聯隊副官の中沢武中尉、二番降下者の聯隊長、甲村武雄少佐、三番降下者……、四番降下者……。引きちぎれそうに……、白い落下傘が流れだした。

渾身の力をこめて扉を引くこと四〜五秒。あっ！開いた。副操縦士が、

「頑張って下さい。成功を祈ります」

と言った言葉を聞くか聞かない中に、先頭降下者の私は飛び出した。他の隊員もみな遅れてならじと、ほとんど転ぶように飛び出した。降下間隔〇・五秒の早業。

ただ無我夢中だ。時に二月十四日午前十一時二十六分。

降下、戦闘

発進基地（スンゲイパタニ、カハン）で予め空中写真で、察知していた敵地上の火力（高射砲など）は、七〜八門だった。ところが実際降下してみると、十七〜八門なのだ。

飛行場周辺の到る所のゴム林から火を吹いている。曳光弾が乱れ飛び、高射砲弾が、ゴマの実を煎っているように炸裂している。

その間隙をわが搭乗機が、掠《かす》め去るように飛び去ってしまった。全搭乗機は無事だ。機があま

パレンバン上空で次々挺進隊員たちが降下する。

り低いため、高射砲の射角が効かないのだろうか？

挺進戦隊は、敵高射砲の死角を狙ったのだろうか？

落下傘が開けば直ぐ着地だ。予定は降下高度、三百メートル（内地での訓練は五百メートル）だから適わない。地上スレスレに機は飛び去った。傘の地上までの降下時間はわずか四～五十秒しかない。

敵弾の炸裂した爆風で、大きな傘がフワ、フワ、と傾く。

白い傘布にブスブス弾丸が貫いて穴が多数明いたが、幸運にも絹の傘布は裂けなかった。全員無事に降下し終わった。むろんジャングルの中へ。

降下予定地は草原なのに、なぜ密林の中へ落下させたのだ？予定地よりも遙か千メートル以上も離れたジャングルの中へ？？（ここが問題で、後日長く責任を云々され、強く責任を追及された者はみな人事異動の羽目に陥ってしまった）
心から「早く着地したいッ！」と願う。敵弾を辛うじて逃れたが、着地ならざる着樹だ。
バシャッ！ポキポキポキーン！バシャッ！木枝が折れ、ひっかかり、脚がなお地につかない。私は枝にひっかかった傘を、ブランコにして振動をとり、傘の帯の懸吊器を外してやっと地に脚が着いた。ジャングルの中だ。一メートル前方が見えない。

パレンバン飛行場に配備されたオランダ軍高射砲。

「おーい！」と隣兵を呼ぶも、全然声や反応がない。全くの一個人とは……。孤独だ。

　敵高射砲の水平射撃の砲弾が、ジャングル内にこだまして耳をつんざく。さっぱり方角の判定がつかない。ただ射撃している所が攻撃目標の飛行場だろうと判断できるだけ。

　グンッ！とこたえたショックに、やれ助かったと思うのもホンの一とき、敵の高射砲、高射機関砲、地上機関銃の一斉水平射撃で、木枝がおれる。飛行場の滑走路方向で、離陸する敵機の音が聞こえ、われら降下した捨て落下傘の上を、低速でブルンッ、ブルンッと敵機が飛んで来た。孤独な心を癒すため惜しい拳銃の一発を空に向けて撃つ。

視界が遮断されて唯の一人。二～三メートル先が見通せない。マレー半島の友軍戦線より遠く五百キロメートル余も離れた所に唯一人、放り出されたな！と感じる孤独感が、瞬間襲う。それも束の間、部下の掌握だ！物料箱を見つけて兵器の収拾だ！飛行場だ！滑走路だ！と心に鞭打ち走り出した。だが木の枝草の蔓が脚に絡まって体が動かない。

体ごとブッつけて居ざり行く。手や顔が傷だらけになった。

体につけて降下した只一丁の拳銃を身構えながら、磁石と敵の砲声の方向を判断しながら、飛行場方向へと進んで行った。ジャングルの中で孤立してしまうと物料箱の方向など全然見当がつかない。「おーい！」と部下たちを呼んでみたが、誰の返事もない。返事どころか兵らしい声も聞こえない。いや、聞こえないのではない。声が密林木葉に邪魔をされ届かないのだ。このジャングル内では、誰も彼もお互いに耳が聞こえないのだろう。なおも深い草むらを掻き分けて行くと、急に視界が開けた。

「ああっ！一本道路だ（飛行場からパレンバン市に通じるただ一本の道路で、空中写真によって作戦戦闘計画した道路だ）」

思わず部下三十人を掌握したかのような、自信を得る。飛行場への概略の方向が判断できるからだ。「よーし」とファイトが湧いてきた。

奥本中尉は声さえ届かぬ鬱蒼とした密林の中に降下した。

この道路を西側によこぎり、道に沿って走って行くと、一軒の草葺きの小屋があった。

丁度この頃に、飛行場方向に、飛行機の爆音と敵高射砲の猛烈な射撃の音が聞こえた。恐らく十一時四十分に降下予定の西南攻撃隊（第二中隊主力・広瀬中尉ら六十名）が降下したのだろう。

一軒の小屋を覗いてみる。この地の土民が三名で、家の高い床の下にもぐり、私の拳銃を構えた姿を見てびっくり、腰を曲げたり、土下座したりして命請いして拝んでいる。とっさに私は、

「日本軍は、君たち住民らには、何も怖いことはしないのだ。殺さないぞ」

と彼らの頭を撫でて、笑顔まで作って宥《なだ》めおいた。

しかし私は、早く部下隊員を集めなければな

らない。

聯隊主力も、降下予定地を外れて、ジャングル中を右往左往来しているだろう。

物料箱は、おそらくは敵砲撃と反対の後方だろう。そこでまた来た道を戻りだしていた。これが挺進部隊最大の弱点だ。一刻を争う。

引き返していると、ジャングルの中でゴツゴツと音がする。さらに、

「隊長殿！」

と叫ぶ声がする。ふり返ると、対馬一等兵（樺太・大泊の漁師の子）だ。また行くと、ゴツゴツ草むらが動く。忍び声で、川原正雄軍曹（奈良県高田の畳屋）が、

「隊長殿！」

と呼びかけてきた。そして残念がる。

「物料箱は、さっぱり判りません。全然見当が付きません」

と訴える。そこで私は、

「よーし！俺について来い！」

と言って、なおも物料箱を探すうちに形野上等兵（兵庫県・津居山の漁師）が道路へ出てきた。

「ついて来い」といって森林の中へ入って行こうとした丁度その時、車輌の音が聞こえた。

四人は道路に出て、飛行場方向を見ると、敵のトラックだ。

その時「奥本中尉殿！」と、聯隊本部の菊地主計軍曹（北海道・函館）が、草むらから跳びだ

してきた。

「よーし、菊地軍曹は聯隊本部員だが、俺について来い」と私の指揮下に入れた。

敵の射撃はなおも響く。敵機も一機、空を飛んでいる。わが方はわずか五名だけである。

第一次遭遇戦

降下後初に出くわした敵である。ずうっと道路を見通すと、このトラック、途中で一～二名の降下兵に妨害されつつも、それを相手にせず、スピードを出してこちらに驀進してくる。その数二輛、やや距離をおいてまた二輛。計四輛の敵兵を満載したトラック群だ。時に午前十一時五十分。加えて敵高射砲の水平射撃があって、聯隊主力降下付近のジャングル内へ、その弾着がバリッバリッとひびく。

この付近の地形は起伏が多く、ただの一本道路で、道の両側は直ぐジャングルやゴム林が密生している。稜線、凹地、稜線、凹地の連続である。凹地はたいがい湿地だ。

挺進部隊の降下直後の弱点暴露、という最大の危機である。兵器は無い、兵員は集まっていない、隊、部隊としての統合戦力、総合火力が発揮できない最悪の時である。

にもかかわらず、われわれには、「敵を見たら、噛みつけ！」の男意地がある。車を見たら「デングり返してやろう」の攻撃意識が炎《も》え立った。

早速、視界、地形ともに隘路《あいろ》になっている地点まで匍匐前進し、道路の両側に分かれて待ち伏せた。なだらかな稜線から少々手前の方に下りた地点だ。

長い筒（小銃）の兵器は、未だ入手していない。降下時に体につけて降りた拳銃と手榴弾だけだ。私は道路上に見え始めたトラックの運転台屋根を指さし、

「あのトラックをやっつけろ！先頭のトラックを重点的にメッタ射ちをするんだ！その運転手を狙え！第一発はわしが射つ！それを合図に両側からワッと大声で飛び出すんだ。それまで絶対敵に気づかれてはいかん。目玉だけ出しておけ！」

と、怒鳴るように言いつけて、虎視眈々待ち構えた。

敵のトラックが、稜線から凹地へ下りて姿が消えた。そのうちに次の稜線を昇って来た。車の姿が見えた。

稜線の頂上で少しスピードが落ちたように思う。

今だ！

パンッ！

私は射った。わずか十メートル足らずの距離だ。
ワァッ！
他の四名も、両側から跳り出した。運転台のガラスが割れたのと、運転手の体が傾いたのが同時である。続いて二発、三発。トラックは急停車だ。次の車の運転手にも拳銃で射ちまくり負傷さす。運転台で運転手が前へうつ伏せになったかと思うと、
キーッ、キー
ガチャーン！
道路の端の溝にはまってトラックは大きく横倒しになってしまった。私は「しめたっ！」と喜んだ。うまく行ったのだ。

それよりもトラックの荷台に乗っていた敵兵が、不意をうたれて慌てふためく様は、目も当てられない。敵の服装は半そで、半ズボン。小銃は十人に一人、全員拳銃を持つ。

私は「ざま見ろ！」と心に快哉を叫んだ。

つづく敵車輌にも同様の肉弾攻撃をかけ、手榴弾を投げ、敵兵は急ぎ飛び下り、ゴム林、ジャングルへ逃げ込む者、荷台で手を上げ降参の合図を示す者まちまち。

私は大きい声で怒鳴りつけ、兵器を捨てろ！と武装解除をさす。手榴弾を一発、荷台へ投げた。炸裂する。敵は自分の拳銃をあっさり道路へ投げ出した。

こちらの爆音を聞いたのか、この惨劇を見て、第四（ＭＧ）小隊の谷口直行軍曹（大阪府・豊能）、杉本一等兵（愛知県）らが駈けつけた。二人は、小隊長の徳村忠孝少尉が見付からないらしい。こちらに合体して武装解除を手伝う（一旦投降した敵兵に撃たれて二人は戦死）。

なにぶんこちらは、僅か七名で少ない。武装解除させても、敵の人数五〜六十名。これを捕虜にして繋ぐ綱も無ければ、他に方法がなく、その暇もない。私はただ怒鳴り通すだけ。丁度この武装解除の真っ最中のことである。

対馬一等兵が叫んだ。

「隊長殿！うしろに車が……？」

あとに語をなさない。

敵の増援部隊を遮断

振り返ってみると、突如新たに現れた敵だ。私はギョッ！とした。

こんなに早くやってこようとは思いもよらなかった。敵の飛行場部隊に対する増援部隊だ。完全武装だ。豪州軍らしい。顔の色が黒い。装甲車を先頭に、トラック四輌に兵員満載。百余名はいるだろう。

一本道路の曲がり角付近に装甲車は停車した（この稿を書く一年前の北陸地方の新聞で、オランダ兵の回顧録のなかで、「この装甲車はパンクし、運転できなかった」と載っていた。当時の五十嵐伍長から貰った新聞である）。

顔の目玉がギョロギョロしていて、長そで、長ズボン、脚にはゲートルを巻いていて草色の服装だ。こちらの現状を目撃し、トラックや装甲車よりも飛び下りて、わが右翼の方のゴム林へ散開して来る。なお車から重機関銃をゴム林に卸して猛射撃して来た。距離五〜六十メートルで近い。こちらは先の武装解除を谷口軍曹、杉本一等兵、と新たに参加してきた降下兵二名の四名に任し、私、川原軍曹、形野上等兵、対馬一等兵、菊地主計軍曹の五名でもって、直ちに反転、怯まず応戦した。号令だ。

「攻撃だ！今のうちに、やっつけろ！」

と、その号令が終わらないうちに対馬一等兵が、ゴム林の中を匍匐前進して行く。トラックから降りて隊形バラバラの敵に、拳銃を射ち、手榴弾を投げた。破裂する。敵があわてている。

私も先に鹵獲した小銃で狙い射撃したが、駄目だ、全然弾丸が出ない。

「何糞っ！」小銃を投げ捨て、拳銃のつるべ射ちだ。拳銃の弾倉を交換している暇がない。先の敵とは違う。射撃も勝手が違う。今のは距離がある。

奥本中尉らの攻撃によって擱座させせられたオランダ軍増援部隊の装甲車。

この時ほど私は、筒の長い小銃や速射砲が欲しいなあ、と思ったことがない。

ああ、私のカメラを持っている対馬一等兵が、躍進しようとした時、敵弾が一等兵を射抜いてドッと倒れた。

菊地主計軍曹は主計の兵科であるが、挺進隊員は皆戦闘員だ。他の者らと何ら変わらない。ゴムの木の幹に体を托して、わが最右翼に散開している。一発射った。当たらない。二発目射った。敵兵がコロッと倒れた。敵兵が救護するのか、ざわめく。三発目を射った。当たらない。匍《は》って前進して最後の一発、頼みの手榴弾を投げた。ドカンッ！

うまくいったと思っていると、更に前進しようとした軍曹が、装甲車の影より射った敵の小銃射撃に頭部を射抜かれた。「万歳！」といったか、「ああっ！」といったか、バッタリ倒れた。壮烈な戦死だった。

川原正雄軍曹は、その左にあって、夢中で拳銃を射っている。「この野郎！」とまた匍って行く。バリ、バリ、バリリー！と敵弾がとんできて、なかにはゴムの木に当たって乱飛する弾がある。川原軍曹は倒れた。また起き上った。脚に敵弾を受けて歩くのが不自由だった。これを援護射撃しようと私は拳銃を射撃したが残弾二発だけ。予備の弾倉が無い。射ち尽くしているのだ。

形野三郎上等兵は、最左翼に散開して、私の横を匍って行く。騎兵科出身のこの兵は、バッ、バッ、と機敏にゴムの木影を縫って三メートルづつ匍い行く。伏せては敵の姿は見えない。半腰で木に寄り托して、狙い射ちしている。

対馬周助一等兵は、川原軍曹の右にあって、平生のボソボソした性格に似合わず、この機にあたってすばしこい。わが最前方にあって、トラックより飛び下りる敵兵の顔面に、拳銃を二〜三発続けて射った。敵も慌てて、装甲車の死角に逃げる。

対馬一等兵は、これも所持する最後の手榴弾を投げた。不発か？コロコロと転んでいったかと思うと、ドカン！と。バタバタと倒れる敵兵の隙に獅子奮迅。突撃しようとするや、先に装甲車から卸された重機関銃に横から射撃を受け、「万歳！」のバの声だけ残し、倒れた。これも天っ晴れ、壮烈な戦死だ。これで敵兵二十余名を殺したか？

こちらは僅か五名だ。そのうちの二名が戦死し、一名は負傷。

咄嗟にわが方は不利と判断し、ゴム林の中は少々視界が開いているので、私は断固として号令、命令した。

「左の道路を飛び越し、左のジャングルへ入れ！」「早く！」

「川原、形野！左へ走れ」

敵弾を浴びて負傷後も攻撃を続行し、戦死した対馬周助一等兵。

敵からの射撃のなか、真横への移動だ。危険極まりないが、仕方がない。片脚をひきつつも川原軍曹も形野上等兵も渡り得た。

ジャングルに入った三人は、敵の側背から、

バン、バンッ！

われらは同位置に三秒とは居ない、移動動作である。この射撃に敵は驚いたに違いない。正面の敵を一所懸命に射っていたのに、真横からわれら三人に射撃されたのだから……。

道路上で破壊・遺棄された連合軍車輌。

あわてたに違いない。敵の射撃はハタッと止んだんだから……。新たな日本の降下兵と勘違いしたか？

敵装甲車の後から射ってきた敵弾が私の右脚を「バシリッ！」と叩いたようだ。私は負傷した。「糞ッ、やりやがったなあ」と敵方を見ると、敵は死傷者を担いでトラックの荷台に乗せている。

こちらはジャングルの草葉に隠れつつ、右に三メートル、左に五メートル、頻りに左右に移動しつつ、弾の残り少ない拳銃を射つ。ああ、幸運！敵の最後尾のトラックが後退し始めた。

私は叫んだ。

「しめたッ！われ緒戦に於いて勝てり！」

と。かわいい部下を死なせて、悔しいやら、糞っ！と思わず語を吐きだすやら、嬉しいやら、戦友に自慢したいやら……。

敵を前後に受けた時の苦衷《くちゅう》は、経験した者でないと判らないだろう。

五名はここに飛行場からの前進部隊と、パレンバン市からの増援部隊を撃破して、敵の企図を完全に粉砕したのである。

遺棄した装甲車や車輌、転覆させたトラックなどで、道路上はゴタゴタになり、他の車輌を通行不能に陥れたのである。

第三飛行集団長・菅原道大中将は、この五名の奮戦ぶりに対し、個人感状を授与された。

感　状

挺進第二聯隊　陸軍　中尉　奥本　實
挺進第二聯隊　陸軍　軍曹　川原　正雄
挺進第二聯隊　陸軍　上等兵　形野　三郎
挺進第二聯隊　陸軍　上等兵　對馬　周助
挺進第二聯隊　陸軍主計曹長　菊地喜代治

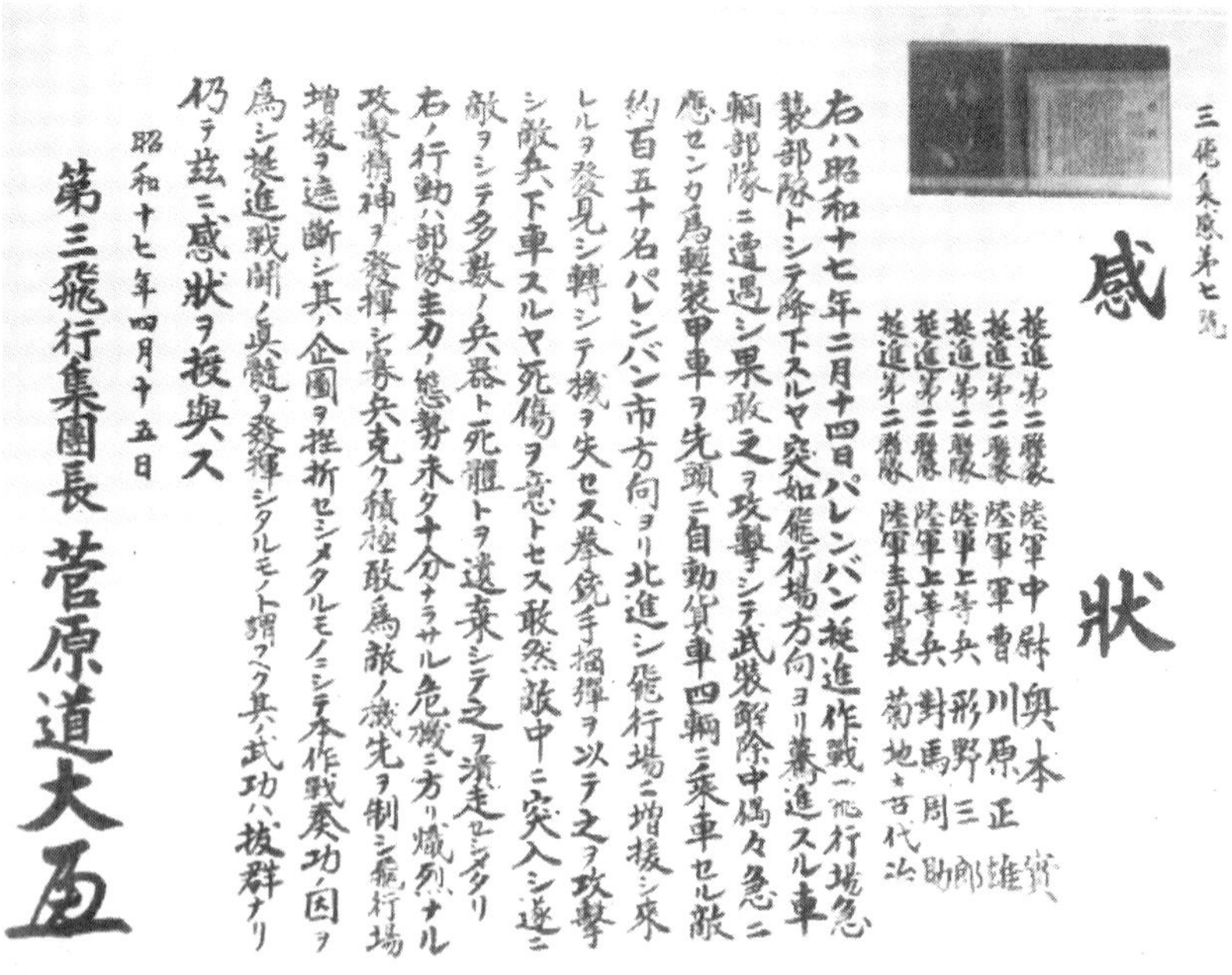

三飛集感第七號

感状

挺進第二聯隊 陸軍中尉 奥本實
挺進第二聯隊 陸軍軍曹 川原正雄
挺進第二聯隊 陸軍上等兵 形野三郎
挺進第二聯隊 陸軍上等兵 對馬周助
挺進第二聯隊 陸軍主計曹長 菊地古代治

右ハ昭和十七年二月十四日パレンバン挺進作戰ニ飛行場急襲部隊トシテ降下スルヤ突如飛行場方向ヨリ驀進スル車輌部隊ニ遭遇シ果敢之ヲ攻撃シテ武装解除中偶々急ニ應センカ爲輕装甲車ヲ先頭ニ自動貨車四輌ニ乗車セル敵約百五十名パレンバン市方向ヨリ北進シ飛行場ニ増援シ來レルヲ發見シ轉シテ機ヲ失セス拳銃手榴彈ヲ以テ之ヲ攻撃シ敵兵下車スルヤ死傷ヲ意トセス敢然敵中ニ突入シ遂ニ敵ヲシテ多數ノ兵器ト死體トヲ遺棄シテ之ヲ潰走セシメタリ

右ノ行動ハ部隊主力ノ態勢未タ十分ナラサル危機ニ方リ熾烈ナル攻撃精神ヲ發揮シ寡兵克ク積極敢爲敵ノ機先ヲ制シ飛行場増援ヲ遮斷シ其ノ企圖ヲ挫折セシメタルモノニシテ本作戰奏功ノ因ヲ爲シ挺進戰闘ノ眞髄ヲ發揮シタルモノト謂フヘク其ノ武功ハ拔群ナリ

仍テ茲ニ感状ヲ授與ス

昭和十七年四月十五日

第三飛行集團長 菅原道大

第一次遭遇戦で活躍した五名に対し、第三飛行集団長・菅原道大中将より贈られた感状。

右ハ昭和十七年二月十四日パレンバン挺進作戰飛行場急襲部隊トシテ降下スルヤ突如飛行場方向ヨリ驀進スル車輌部隊ニ遭遇シ果敢之ヲ攻撃シテ武装解除中偶々急ニ應センカ爲軽装甲車ヲ先頭ニ自動貨車四輌ニ乗車セル敵約百五十名パレンバン市方向ヨリ北進シ飛行場ニ増援シ來レルヲ發見シ轉シテ機ヲ失セス拳銃手榴彈ヲ以テ之ヲ攻撃シ敵兵下車スルヤ死傷ヲ意トセス敢然敵中ニ突入シ遂ニ敵ヲシテ多數ノ兵器ト死體トヲ遺棄シ之ヲ潰走セシメタリ

右ノ行動ハ部隊主力ノ態勢未タ十分ナラサル危機ニ方リ熾烈ナル攻撃精神ヲ發揮シ寡兵克ク積極敢爲敵ノ機先ヲ制シ飛行場増援ヲ遮斷シ其ノ企圖ヲ挫折セシメタルモノニシテ本作戰奏功ノ因ヲ爲シ挺進戰闘ノ眞髄ヲ發揮シタ

ルモノト謂フヘク其ノ武功ハ抜群ナリ
仍テ茲ニ感状ヲ授與ス
昭和十七年四月十五日

第三飛行集団長　菅原道大

私は敗走する敵を追撃するのを止め、わが兵力の逐次消耗を深く慎み、更に先程悩んだ長い筒の銃欲しさに、物料箱を求めてわが主力の降下地方向へとって返したのである。敵砲の水平射撃の砲声は、なおも続く。

聯隊主力、第四中隊の行動

聯隊主力は、挺進戦隊長・新原少佐自らが操縦する先頭機に搭乗した挺進第二聯隊副官・中沢武中尉の先頭降下を合図にして、二月十四日午前十一時二十六分に降下を決行した。

この時の敵情、地形は先に述べたとおりである。予定の草原地帯に降下したのは極く僅かで、大部分の降下隊員はジャングルに降下して面をくらったのである。ここに兵器の物料箱の収拾が不能となり、完全な裸の個々単一の戦力に陥ってしまった。

いわば落下傘部隊の最大の弱点を、敵に暴露してしまったのである。

敵の高射砲は、友軍機が飛び去ったあとは、降下地付近に水平射撃でさかんに射って来る始末だ。二～三門同時発射の音が、耳を押しつぶすようだ。戦場というものは、敵から射撃を受けると、
一、恐ろしい。
二、その方向に向かう。
三、知らず知らず、それに引きずられて行く。
といった心理に駈られるものである。他の大事な行動を捨ておくか、自然に忘れるものである。それでも平素の「降下後の訓練」のとおり、隊員は二～三人集まれば「物料だ。兵器だ」と探し回ったが、ジャングルの中へ投下された物料箱の位置が判らない。やっと箱の一～二を見つけても、一人で十余人の兵器、弾薬は持てない。

北海道出身の大男、若林昇伍長（私の部下）は、自分の愛器の軽機関銃一丁を手に入れることが出来た。弾薬や他の兵器まで体につけたが、体が重くて歩くことが出来ない。駈けつけた平山又男軍曹（山口県、私の部下）が、若林伍長を助け、自分の小銃と小隊長である私の軍刀をつかんで走り出した。軍刀は着地の衝撃で「く」の字に曲がっている。

「よーし！この二人だけで、あの高射砲をやっつけよう」

とジャングルを抜けて草地にさしかかったとき、第四中隊長の三谷博太郎（広島市）中尉に逢った。

「中隊長殿、小隊長は何処ですか？奥本隊長は何処ですか？」

「まだ見付からない。俺についてこい」

と直接その指揮下に入った。

続いて集まってくる者、第三小隊第二分隊長・山本唯雄軍曹、同第三分隊長・伊藤邦衛軍曹、道添伍長、第四MG小隊長・徳村忠孝少尉、山中正則一等兵、片岡健生一等兵ら十数名だけであって、他の者や兵器は判らない。この時までに収拾できた兵器は小銃六、軽機関銃二だけである。

副官・中沢中尉は、比較的早く聯隊長・甲村武雄少佐と逢うことができた。十二時十分ごろに、甲村少佐、中沢中尉、椎屋曹長、石賀曹長、権代兵長ら十名が集結できたので、飛行場方向へと前進した。

午後一時ごろ、飛行場から二キロメートルも距たった草地の凹地に来た時、敵情偵察中の三谷中尉ら二十余名を加え、四十名を指揮掌握することができた。

第四中隊は、飛行場方向へと前進した。草原あり、ジャングルあり、湿地あり、といった地形である。凹地を一～二個所渡ってジャングルから視界の開けた地点に来たとき、敵の移動無線台が見え、その後方が飛行場になっていると判断し、この無線台を奪取することに決心した。

午後一時二十分、聯隊本部は、先に左方の偵察に出しておいた石賀曹長以下二名から、「奥本中尉以下三名の負傷者を誘導、収容した」と報告を受けた。

私はここで初めて甲村聯隊長に逢い、先に一本道路上で激闘した第一次遭遇戦の模様を報告しようとしたが、興奮の絶頂にあって舌がもつれて言葉にならない。副官・中沢中尉は私の脚の負傷を覗いて心配してくれる。

和田吉雄衛生軍曹（札幌市北区）が駈け寄って、私の革脚絆を外して包帯交換をしてくれる。そこで私はドカッと座り、図嚢より通信紙を取り出し、要図を書いて詳細に聯隊長に報告した。甲村聯隊長は、パレンバン市から来た増援部隊の案外早いのに驚いたらしい。私はなおも興奮が収まらない。

「よし、それは大変ご苦労だった。まあ、ゆっくり落ち着いて、お茶でも飲め」

と聯隊長は、ご自分の水筒を差し出された。

私はここで水分を摂ると、脚の傷に悪いと思いながらも、水筒の頭コップでおし戴いた。ククッと私の腸に沁みこんだのは日本酒だった。なんとその味のうまかったことよ！これは出発する基地で乾杯のとき、中沢副官がひそかに、攻撃成功の暁に飲むべく入れておいたという。

丁度そのころ、敵の高射砲の水平射撃の音がしたかと思うと、私たちのいるすぐ左側で土煙が上った。散開していた山中一等兵がうつ伏した。その分隊長・山本軍曹が駈け寄った。山中は、顔面から肩にかけて血に染まっている。眼を負傷して見えない。歩けない（片岡一等兵が看護したが戦勢は急。山中正則一等兵は中隊に遅れ、後に戦死）。

この辺から飛行場にかけては、起伏の多い草原地帯である。また二〜三発の射撃を受けた。わが兵一人でも動けば、それを狙い射ちしてくる。この真っ昼間に敵に接近することは、出来そうにない。どうしても左方の森林地帯の遮蔽物を利用して進まなければならない。しかもパレンバン市方向から再度の増援も当然予期しなければならない。そこで、甲村聯隊長は決心した。聯隊付の帖佐宗親大尉も顔を現した。

「聯隊主力は、あくまで左方のジャングルを縫って、飛行場に攻撃前進する。第四中隊は予定を変更して左方道路上に出で、再度パレンバン市から来る敵の増援部隊を阻止しつつ、一本道路に沿い、飛行場に向かい攻撃前進すべし」

（第四中隊の前進が捗《はかど》らず、且つ地雷原に阻まれた、と伝えられたのは、実際は水平射撃の猛烈さを言ったものである。敵射撃の瞬間爆発を錯覚誇張したもので、徒らに敵を過大視する弊は、軍人の最も戒めなければならない所である。結果論ながら、繋留地—飛行機の爆風防止掩体—か

ら一本道路までにドロ川があって、橋以外接近できなかった）

ここで私は、片脚をひきながら、第四中隊を先導して、再び道路上へとジャングルの中草木を掻き分けながら前進した。部下の平山軍曹と若林伍長が、

「小隊長殿の軍刀です！」

と私に渡してくれた。物料箱を探し当てて、その中から掴んできてくれたのだ。軍刀が三十度ぐらいに曲がっている。刀身が抜けない。足を外鞘にあてて曲がりを直し、それを唯一の杖として先頭に進んだ。

この時まで第四中隊が収拾しておった火器は、重機関銃一、軽機関銃二、擲弾筒一、小銃六、といったところである。

ジャングル内は道がない。各隊員が歩いたあとに少し道らしいものができる程度である。先頭では草木を掻かねばならない。一列縦隊になった隊列も、とかく三々五々に途切れ勝ち。夜間の接敵行進をしているようなものである。ある隊員は前の者と自分とを草の蔓で結び、見失わないように、隊伍からはぐれないようにしている始末である。

ここで惜しかったことは、本部から連絡に当たっていた帖佐大尉が、四中隊の後尾を見失ってジャングル中を一人で彷徨い歩いたことである（これが後日、帰国の輸送船内で話題になる）。

第二次遭遇戦

この第四中隊の行進している直ぐ前の方向で、「ゴオッ！」と自動車の音がする。加えるに敵の徒歩兵らしいざわめきの声がした。こちらは密林、草むらの中をくぐっているので敵も気がつかない。私は隊列に停止を指図して「シィッ！」と静かにするよう命じた。一本道路へやっと到着したのだ。私は中隊長に、

「どうしましょう。飛行場からパレンバン市へ退避する敵でしょう。彼らの戦死者を処置しているかも。こちらは黙って、この敵を見過ごしておきましょうか？」

と相談を持ちかけたとき、私の後方にいた大城隆中尉（工兵・福岡県）が「敵を見たら、噛みつけ！」式に、自分の部下三〜四人を伴い、道路上の敵へと接近していた。

時に降下後二時間三十分を経過していた午後二時。

「突っ込め！」

と大城中尉は、短い軍刀を振って大音声で号令をかけた。

私は、これはいけない、と咄嗟に思い、大城中尉を止めようとした。この敵に対する行動は、無駄であるか、あるいは危険過ぎるのである。工兵科出身の中尉は巧妙な歩兵の戦闘法を知らないのである。

それに常に私を看護し、肩を貸して歩いていた平山軍曹が、私の負傷の脚を心配して、

「小隊長殿！行ってはいけない！」

といって私の脚と体を掴んだまま放さない。

伊藤邦衛軍曹もまたそうで、私の片脚を引っ張っている。両脚をとられては適わない。


しかし幸か、不幸か、勇敢に突撃を敢行した大城中尉以下数名は、道路上の敵を蹴散らした。敵はあわてて逃げたが、その一弾が中尉の腹を射抜いた。

大城中尉は、道路の西側にバタッと倒れたまま身動きもしない。即死だなあと私は思った。昔から腹部をやられて命が助かったためしがない。彼の分隊長の蓮仏軍曹も共に横で戦死した。


また一輌のトラックが来たが、先の第一次遭遇戦で、私らがやっつけた車が邪魔になって進めないので停車した。そこへ第四中隊の残余の隊員が突っ込んだので、敵は下車し、散を乱して、向こう側のジャングルの中へ逃げ込んでしまった。

中隊主力がジャングルから出てきた位置は、図らずも私ら五名が、二時間以前に奮戦した第一次遭遇戦の跡であって、彼我の死体やトラックの残骸などで修羅場と化してあり、更に只今の突撃などで死傷者も増し、中隊主力の隊員らは目を覆う気持ちになる。そんな感傷よりも敵を攻撃することだ。一刻も早く飛行場を奪取することだ。心はいやに逸る。

私は、道路を渡って負傷したまま身動きもしない大城中尉の側へ寄った。私の同期生であるため、私がその死に水を取ってやろうと思ったのである。中隊長は三十メートル先。

「おい、大城！元気を出せ。傷は浅い。気を緩めちゃ駄目だぞ。何か言っておくことはないか。後のことは俺がチャンとひきうけた」

「オク！（当時のポン友間における私のニックネーム）俺はもう駄目だ。後のことは何とかよろしく頼む。オク！」

一般に大怪我をすると、人の心は滅入ってしまう。細いかすれ声で私にそう言った。私もこれがこの男との最後の別れとなると思い、心惜しかった。

「大城。戦機を急ぐ。貴様をここに置いておくが、後の戦は確かに引き受けた」

と言って別れかけたが、どうもこのまま一人放っておくのに忍びなかった。

降下隊員は一人一人が貴重な戦力である。まして今回のように兵力の集結に困難な場合、しかも攻撃目的未達成に一兵たりとも看護に割くことはできない。だが、私は片脚を引きながら前方にいる中隊長の所へ行き、当番兵をつけることの承認を得ると、引き返して口野義澄上等兵（大阪府）に看護を命じた。そしてつけ加えて、

「最悪の場合、俺らが擱坐させておいた後方の装甲車に収容して防戦せよ」といって離別したの

である。

私が中隊主力へ追及した丁度その時、再び飛行場方向から、乗用車一台、トラック四輛が逃避退却してくるのを認めた。

第四中隊長は、この敵を断固攻撃することを決めた（これが後日、なぜ放置し退避させなかったか？と云々されるに至った）。

中隊長は、大城中尉負傷後の第一小隊を郡司曹長に指揮させ、道路の右側に、私が負傷した後の第三小隊を清水勉曹長に指揮させ、道路の左側のゴム林に散開させた。そして徳村忠孝少尉（第四ＭＧ小隊長）の重機関銃を道路の右よりに据えた。

当時この小隊の機関銃手が未だ集結しあらず、私の小隊員で機関銃の経験者である中沖義雄一等兵（富山県・新湊）が銃把《じゅうは》を握って敵を待ち構えた。

中隊長の三谷中尉、私、中隊付の和田中尉が道路右の崖の上に在って、全隊員がその退却車輛の接近するのを、満を持して待ったのである。

刻、一刻。息詰まるような緊張だ。中沖一等兵はこの方面隊唯一の重機関銃を握り、照準器に目を当てて狙い、道路の真ん中でただ一人落ち着き払っている。心にくい程だ。

串刺し

やがて敵の自動車は、前方の下り坂を下り、凹地に入り、再びこちらの稜線に上ってきた。虚々実々。魚を狙う鳶の様な気合である。徳村少尉の満身の力を込めた号令だ。

「射てっ！」

わが太い弾丸が飛ぶ。曳光を放って。あたりの静かさは一時に破れた。連続発射音！先頭車の運転手はやられたらしい。

キッ、キッ、キー

急停車だ。距離わずかに三十メートル。全弾命中だ。その後方のトラックの荷台から敵兵は、一目散に、われ先にと、跳び下り出した。そこへ真っ直ぐわが弾丸は飛んで行く。一連射、二連射、とこちらの射撃の休む時がない。全くの串刺しである。見る見るうちに死体の山積みである。息詰まる緊張のあとのこの射撃は実に素晴らしいものであった。われらは心の中で快哉を叫んだ。面白いほどである。滑稽なほどの敵の慌て方である。

弾丸の飛ばない方へ跳び下りたらよいものを、よくもこちらのお誂《あつら》え向きの中へ跳び下りてくれたもんだ。

生き残った敵兵は、頓狂な声を出して左側のゴム林の中へとび散った。これに対して第四中隊第三小隊は、清水曹長小隊長代理の号令で攻撃をかけた。

ゴム林間の至近距離戦闘が始まった。

ゴム林の前方に、一軒屋がある。その偵察に第二分隊の高橋軍曹が出たが、ばったり倒れた。第二分隊長の山本唯雄軍曹（静岡県・雄踏）は、高橋軍曹を救わんと「突撃！突撃！」を繰り返した。自ら先頭に立って突っ込んだが、敵弾に射抜かれて「何糞！」と言い残して動かなくなった。ゴム林中でこれも壮烈な戦死である。

ゴム林では僅か十メートルで彼我は肉弾戦闘を交えた。

総崩れになった敵は、一軒屋の後方の陰を縫い左方へ逃げ込んだ。若林昇伍長（北海道・釧路）、道添一男伍長（福岡県・大牟田）のそれぞれ射撃する軽機関銃が、この敵に追射をかける。新島甲子次伍長（茨城県）の擲弾筒《てきだんとう》は、ゴム林で射撃すると却ってわが方に当たりそうで射てず、悔しがる。

しかるに敵の射った弾丸が、道路の傍にいた馬場一等兵の腰に当たり、自分の腰に装着していた手榴弾が炸裂して戦死した。青木上等兵、松浦上等兵もこの戦闘で負傷した。

こんな戦闘が続くが、甲村聯隊長が連絡に出した帖佐大尉の顔が見えない。

戦線がすっかり膠着しているのに気付いた。あくまで本来の目的は「飛行場の奪取占領」にある。

この「窮鼠、猫を噛む」式の、敵の抵抗の強さと、わが方の逐次戦力消耗を憂慮し、この敵を捨てることにし、ゴム林の中の第三小隊（清水曹長）を道路の右側へ敵前を移動させた。一〜二名の負傷者をだしたが、そんなことに構っておれない。

一本道路に沿って急進を始めた。時に午後五時三十分。第二次遭遇戦はかくして終了したのである。

さてこれより暫く時が経過した後、これら敵の敗残兵が再び道路上に戻り、徒歩でパレンバン市方向へ退却する際、先の装甲車内に退避収容した大城中尉らと衝突した。この小戦闘で、他の負傷者らは戦死したが、口野上等兵はうまく大城中尉を助けて装甲車を去り、ジャングル内に避けて、翌日まで懸命に看護につとめたのである。

一方甲村聯隊長ら本部方面では、第四中隊をして道路に沿うて、飛行場へ前進を命じた。本部はあくまで飛行場へ前進しようとしたが、ジャングルに悩み、泥川に遮られた。ジャングルが開け、一本道路に近づいた付近で、ジャングルの中から敵数名が不意に顔をだした。聯隊長は「突っ込め！」と号令して自ら突撃する場面が発生した。先の第四中隊から逃避してジャングルに入った敵らしい。中沢副官は敵一名を殺した。他の本部員も、敵四名全員を刺射殺したのである。

降下挺進部隊には、第一線先陣も、予備隊もない。とくにジャングル内においては、聯隊長自

オランダ軍の高射砲の水平射撃に挺進隊員は苦しめられた。

身も第一線の散兵線の一兵であることを如実に物語っていた。

この幸先よい勇戦に気をよくした聯隊長以下聯隊本部員は、直ちに事務屋を放棄し、戦闘員となって、ジャングルの中を進むうちに再び敵数名とぶつかった。第四中隊へ連絡に行っている帖佐大尉は、連絡しているわけでもなく、本部への追及もしていない。

折りも折、椎屋曹長は、曹長刀を振りかざし斬りつけて敵の一～二名を倒した。なおも逃げる敵に拳銃で射ち続けるや、背後に現れたる敵に射たれて戦死する。権代兵長は、さらにこの敵に襲いかかるや、横から出た敵に射たれてこれも戦死した。

右前方では間断なく高射砲の水平射撃が続

く。その音がゴム林やジャングル内にこだまして耳をつんざく。勇敢だったさすがの聯隊本部員も、戦死、負傷者が続出して僅か数名に減り、戦力を発揮できなくなってきた。

それでも飛行場占領を願うばかり。接敵してゆく。夕やみを利用し、高射砲の死角を縫いつつ、飛行場の東側へと迫ったのである。

第二中隊の戦闘

第二中隊長、広瀬信隆中尉以下六十名は、聯隊主力の降下午前十一時二十六分に遅れること十四分、予定の如く午前十一時四十分に、飛行場西側に膚接した予定地に降下を敢行した（第二中隊付の水野完二中尉以下三十名は、聯隊長の直轄要員として本部付近に降下）。

降下地は、予定では森林の中の、草原の多く混ざった箇所で、飛行場端より五十メートル離れた付近だったが、実際は八百メートル距《へだ》たったジャングルの中へ降下した。白い落下傘をよい目標にして、敵高射砲数門は、水平射撃を両側より浴びせかけた。

ためにチリチリバラバラの行動しか出来ず、前述の第四中隊の集結の比ではない憂き目に逢った。兵器弾薬の収拾はまた困難を極めた。敵に着地寸前串刺しされる者、敵に捕まる者はざら。敵事務所、敵兵舎に近かったからやむをえない。

隊員も十名と集結できず、ほとんど三々五々、あるいは単身でジャングル中をさ迷い歩き、夜に入って飛行場に接近し、敵か味方か窺う始末となった。


この地に降下した一人の軍曹は、ジャングルの中を敵に肉薄していった。ふと前方を見ると、パッ！と土煙が上がった。同時に大きな炸裂音がした。前進をやめて、顔を出した隣の隊員に偵察させると、それは高射砲の零距離射撃であることが判った。

その隊員は、敵前五十メートルまで近づいて、敵の砲前監視兵を一人倒して帰ってきた。

第二中隊が兵器の収拾困難だったのは、前記のとおり。蒲生中尉も兵器を収拾できなかった。


蒲生清治中尉（鹿児島県）は、挺進練習部（宮崎県、落下傘部隊発祥の地）のベテラン教官。この度は、第二小隊長として、第二中隊長より、飛行場に向かって左の道路（北はジャンビー、南はコタブミに通じる交差路）付近の敵を攻撃し、中隊主力の飛行場突入を容易ならしむべし、との命令を受けて降下した。

降下したものの、物料箱の落ちた方向の見当も付かない。それだのに高射砲と高射機関砲の二門が、中隊降下地付近に猛烈に射撃しているのを発見した。

わが友軍の極めて不利なるを悟り、中隊主力の危機を救おうと考え、断固この砲を、拳銃だけで攻撃することを決心した。

木々の間をはらばい、葉に隠れて近迫し、その監視兵一名を射って倒し、ヤシの葉葺きの敵兵舎に火を点けた。火はパアッと上って広がった。熱い。広い道路上に出ようとしたその瞬間！敵機関砲がムクッと中尉に砲口を向けた。

「今だっ！遅れてはいけん」と蒲生中尉は突入していた。その時、敵砲が先に火を噴いてしまった。中尉は砲弾を受けて、壮烈な戦死を遂げたのである。

飛行場西南側攻撃隊第一小隊長蒲生清治中尉。
敵陣地に突入時、機関砲の水平射撃の直撃を受け、壮烈な戦死を遂げた。

これを後方で認めた小隊長代理・永吉曹長は、屈せずその砲手に突入して、敵十数名を撃退した。早速、隊長の弔い合戦をやってのけたのである。

無線用鉄塔の付近では、機関銃を混えた敵五十名に逆襲を受けるなど、一進一退の戦況が続いた。

そのうち夕刻近くなり、降下地南側付近に集結し、一部は北より、主力は飛行場南側付近に近迫していった。

先の第四中隊が、パレンバン市に通じる一本道路を、食事をとるのも忘れ、途中で凄いスコールに逢いつつ、負傷者をかばいながら、飛行場へと前進してきた（私は右脚を負傷しているので真っ直ぐ歩けない。隊の後尾に随《したが》いて隊員の肩を借りて必死だ。離れると死だからである）。第二中隊はこの第四中隊と合体し、飛行場の事務所、兵舎を攻撃することになったのである。

第三次遭遇戦

前述のとおり、飛行場―パレンバン市の一本道路上で第二次遭遇戦を展開した第四中隊主力は、二月十四日午後五時三十分、敵の退却部隊を見捨て、道路上を急進した。兵員僅か三十名足らずである。むろん負傷者も含まれている。

この道路は、起伏の多いアスファルトの坂道で、疲れた隊員は縦の一列になって進んだ。私は脚の負傷のため、平山軍曹、軽機関銃を他兵にあずけた小兵の道添伍長、下吉上等兵らの肩を交互に借りたり、二人の両肩を借りて歩いたが、ともすれば隊伍に遅れがちである。背の低い者らは、私の腰を後から押してくれたものである。凄いスコールが降った時は隊伍は停止した。明るい間に飛行場、滑走路を取らねばならない。「中隊は、あんな退却部隊は攻撃しないで逃がしてやれば良かった」と後悔する。

同じく遅れがちなのは重機関銃の分解搬送である。未だMG小隊の兵らは集結していないので、私の第三小隊の部下どもが、交替して担いで歩いた。小隊長の徳村少尉も自ら銃身を担いでいる。われらの収拾した唯一の大切な重火器だからである。

ちょうど一キロメートルほど行進した時である。空が曇ってきたかと思うと、ボタ、ボタ、と大粒の雨。初めて経験するスコールだ。盥《たらい》の水をひっくり返したようだ。それでもわれ先にと行進した。血と泥が傷に混じる悲惨な行進の態である。飛行場へ、滑走路へと……。

泥沼の小川の橋を渡るころ、スコールも止んだ。第二の小川の橋を渡ろうとした時、橋の左百メートル付近を、ジャングルを出たり、入ったりしている者が二〜三人いるのを私は見た。敵か？味方か？と止まってよく眺めると日本兵なのである。地図から想像すると第二中隊の隊員だ。「おーい！」と招くと、隊長の広瀬中尉と曹長だった。「奥本さん！どうしたんですか」と言って互いに手を握り合った。

以降は第四、第二中隊が共に行動することにした。聯隊本部は未だ到達していない。しかし聯隊本部とともに降下した水野中尉ほか二名が現れ、第四中隊と合体した。両中隊で飛行場を奪取することに決した。われらがここまでやって来た行進は、二キロメートルほどだろうか？もう夕暮れ近い。心が焦る。

午後六時二十分、飛行場が見えた！待望の飛行場が。夢にも描いた飛行場だ。その付帯設備の事務所の望楼も見えた。私の部下、若林伍長が即座に軽機関銃を据えた。私に「戦死した戦友の仇を取らしてくれっ」と言い、「弾丸を節約せい！」と私が言い終わらないうちに、もう射撃を開始している。

この若林伍長は、北海道の大きな男。自分で物料箱を見つけだし、貴重な軽機関銃と弾丸を収拾して、ここまで耐えて来たのである。逸《はや》る気持ちは十二分にわかる。距離百五十メートル。道添伍長も射ち始めた。私はまた「弾丸を節約せい！」と怒鳴った。

弾丸は事務所の手前の道路上に着弾。敵兵がウロウロし出した。

わが軍は、道路の右に第四中隊、左に第二中隊が散開し、重機関銃も、擲弾筒も距離二百メートルに照準して万全を期した。正に攻撃前進をしようとした丁度その時である。

停戦交渉

敵三名が、白いハンケチを振りながら道の真ん中を、こちらに歩いて来た。三名共敵の将校らしい。二人は制服制帽で、戦争なんて何処吹く風か、といった紺色の容姿。一人はカーキ色で戦闘略帽である。

停戦交渉か？

三名は彼我の中間に停止して、「おいで、おいで」と招く。三谷中尉は、交渉放棄して攻撃前進を主張する。私は、交渉に応じよう、と宥《なだ》める。

そこで両中隊協議して、水野中尉と英語のできそうな某軍曹と和田恒壮中尉の三名を派遣した。

第一回交渉は、成立しないで三名は、帰ってきた。通訳が居ないので意向が通じない。私は士官学校で英語班だったので、和田中尉と私が交替して出て行き、二回目交渉を行った。ドタマから語気強く、私の英語で話を進めた。

「ダウン！ヨァー、ウィーポン！ダウン、ヨァー、ウィーポン（武器を捨てろ）」

「日本軍大部隊が、降下した。武器を捨てて降伏せよ。明日再び一千名が降下する。捨てないと直ちに君たちへ攻撃をかける。こちらは火器が沢山ある。武器を捨てろ」と。

そうすると敵の一人が、

「日本軍の兵力は少ないから、戦闘すれば必ず敗れる。君たちの方が降伏せよ。それに負傷者が多いではないか。その傷付いた脚を見ろ」

と言って、私の脚をしきりに指さす。こちらも強気に、

「トモロー、大部隊がパラシュートする。早く武器を捨てて、降伏せよ！」

敵三名は、ブツブツ言っておったが、

「後方へ帰って、コマンダー（指揮官）と相談してくる」

と言って敵三名は帰って行った。こちらも帰ってきて、広瀬中尉、三谷中尉と相談したが、三谷中尉は、直ちに攻撃前進を主張して譲らない。私は「まあ紳士的にやりましょう」と再び宥めるのに躍起。

暫くすると敵三名がやって来た。

「われわれは絶対降伏しない。日本軍こそ少数だから降伏した方が賢い」

と今度は強気になってきた。そこで私は、

「日本軍は直ちに攻撃する。早く武器を捨てろ！日本軍は、ＢＰＭ、ＮＫＰＭ工場にも沢山降下した。明日はムシ河にも大部隊が来る。製油所も市街も占領する。君たちの死は目の前だ！直ちに攻撃する」

と伝えたが、

「もう一度待ってくれ。後方でもう一度相談して来る」

と言って帰って行ったが、次はなかなか戻って来ない。

辺りがだいぶ暗くなって来た。遙か敵方を透してみると、走る敵兵が見える。そして敵側のトラックがヘッドライトを点して北方へ走って行く。その数十輌ぐらい。

「しまった！敵は退却準備に時間を稼いだのだ。畜生めっ！

私は地団太を踏んで悔しがった。紳士的もなにも有ったもんじゃない。

飛行場を無血占領

直ちに重機関銃、軽機関銃、擲弾筒の援護射撃のもとに、突撃前進を始めた。わが弾丸が飛ぶ。すっかり暗くなった飛行場事務所に突入した。時は午後六時五十分ぐらいだっただろう。もう事務所、滑走路付近には敵の姿が見えない。もぬけのからだ。敵のトラック十輌ぐらいが北方に向かって突っ走って行く。暗いのでコウコウとヘッドライトを点けて猛スピードをだしている。

突入、無血占領が出来たのだ。この喜びいくばくぞ。

直ちに第四中隊、第二中隊は、事務所横の小さい丘に確保陣地を掘り築いた。一～二名は、事務所からパン、缶詰を探してくる。ホッとした気になる。そういえば皆昼食を摂らずに戦闘し、死傷者の世話をしてきているのである。私は大声で「敵の逆襲が有るかも知れんぞ！あまり声出すな」と叫んでおいた。

暫《しば》くして小滑走路の東端方向で、日本語らしき声がした。「あれ?あれは小牧利治中尉の声だ」聯隊本部、聯隊長の甲村少佐以下の者と、第四中隊の一個分隊が突入して来たのだ。

かくして聯隊長自ら第二、第四中隊を指揮掌握したのである。二月十四日午後九時である。

ここで一応聯隊主力の作戦目的は、達成出来たのである。この喜びいくばくぞ。

次に必要なことは、友軍機をこの滑走路に着陸させ、ガソリンを補給し、ジャワ作戦へと飛ばすことだ。第十六軍(今村均中将)からの派遣参謀・井戸田勇中佐と第一挺進団長・久米精一大佐が同乗しているわが強行着陸機(速射砲を搭載)は、一体何処に着陸したのか?製油所方向は?音もしない。通信機材は未収拾か、収拾できた五号無線機も水に浸って鳴動しない。連絡のつけようがない。

聯隊は、夜を徹して飛行場を完全に確保することに決し、逆襲に備え、明日よりの友軍機の着陸を援護することになったのである。夢にも描いた飛行場は、ついに挺進落下傘兵の善戦勇闘によって、われらの手に収まったのである。

この時聯隊主力の飛行場占領兵力は、負傷者を含めて僅かに六十名余。平時の一個小隊にも満たない。

降下後九時間を費やして占領が完遂できたのである。

パレンバン飛行場周辺のトーチカ。

飛行場に遺棄されたハリケーン戦闘機。

さて主目的を達した直後に思い馳せるのは、製油所に降下した九十六名のことである。心の中で、「成功せいよ、成功せいよ」と一心に祈り続けた。こちらは成功したぞ、と情報を伝える方法もない。挺進団の通信機も、聯隊の通信機も駄目だから、夜明けを待って判断処置するしか仕方がない。

（製油所の降下は、当初の計画には無かった。しかし事前に内地で工場などを見学し、器械、パイプの操作法の教育を受けた者が居るので、徳永悦太郎中尉が、熱心に第一挺進団の幹部を説き、降下決行に踏み切った。第一中隊〈中尾基久男中尉、大阪府〉が担当し、各中、小隊から、戦闘間だけその専修者を配属という形で徳永小隊を編成した。一名謀略小隊とも称した）

聯隊本部は敵のトーチカの在った小丘に置いた。夜暗の中で壕を掘る兵隊の円匙《えんぴ》の音がする。各中、小隊長らも自ら壕を掘った。飯を炊くのに火を燃やせず、乾パンをかじる兵、事務所を漁ってきた鹵獲缶詰やパンで夕食をとる兵。

戦死した戦友の勇敢な働きを思い浮かべて、不覚にも泣き出す兵。ずっと前進していた部隊が、一旦停止すると、必ず感傷が襲うのである。

それに加えて暗夜の一連のスコールの寒さに耐え、歯を食い縛って、この一夜を過ごした。

さらに陣前歩哨や斥候を出し、逆襲に備えるとともに、未だ集結していない隊員や負傷者を収容することに努力した。二〜三の敵?同士撃ち?の小戦闘はあったが、さしたる逆襲もなく、この飛行場の一角と滑走路を守ったのである。

第四中隊のMG小隊・自動砲(速射砲を収納する箱が無く、これで代用)分隊長・中里勉軍曹ら二〜三名は、この前夜半に滑走路東側付近より、本隊に追及してきた。「遅れて済みません」の一言に悲痛な感情が洩れていた。

飛行場付近の降下者、甲村少佐以下二四〇名は、挺進飛行戦隊が敵高射砲・機関砲十八門の猛射撃を恐れて退避し、遙か左方に変針して降下を指示したため、かかる苦戦を強いられたのである。聯隊付の帖佐大尉は未着。

強行着陸機の第一挺進団長・久米大佐の機は、杳《よう》として行方知れず、まして部下の指揮をも執れず、挺進第二聯隊が自力で飛行場を奪取占領したのである。

しかし死傷率は、一般地上作戦の場合と大差がなく、降下目的を達成出来たのは、幸運といわねばなるまい。

製油所の攻撃

挺進第二聯隊命令、

「パレンバン製油所を攻撃し、なしうれば敵の破壊に先だちこれを占領し、二月十五日より始まる第三十八師団（沼兵団）のL作戦によるその先遣隊の到着まで、これを確保すべし」

との任務を持った第一中隊九十六名は、攻撃中隊長、中尾基久男中尉の指揮によって、二月十四日午前十一時三十分、BPM、NKPMの両工場南側の半ば湿地帯に降下した。

この時の編成は次ページの通り。

この時友軍機は物料箱を全て投下することに成功したが、損害が一機あった。被弾して火を噴き、悠々自爆して行った須藤中尉（第九八戦隊・大坂中佐）の操縦する重爆撃機である。

挺進隊降下任務でムシ川上空を飛行する一式貨物輸送機。

なおこの飛行編隊は、ムシ河の下流で編隊主力から分進して、高度を下げて行った。降下後の上空援護は、隼飛行第五九戦隊の一個中隊が担当した。

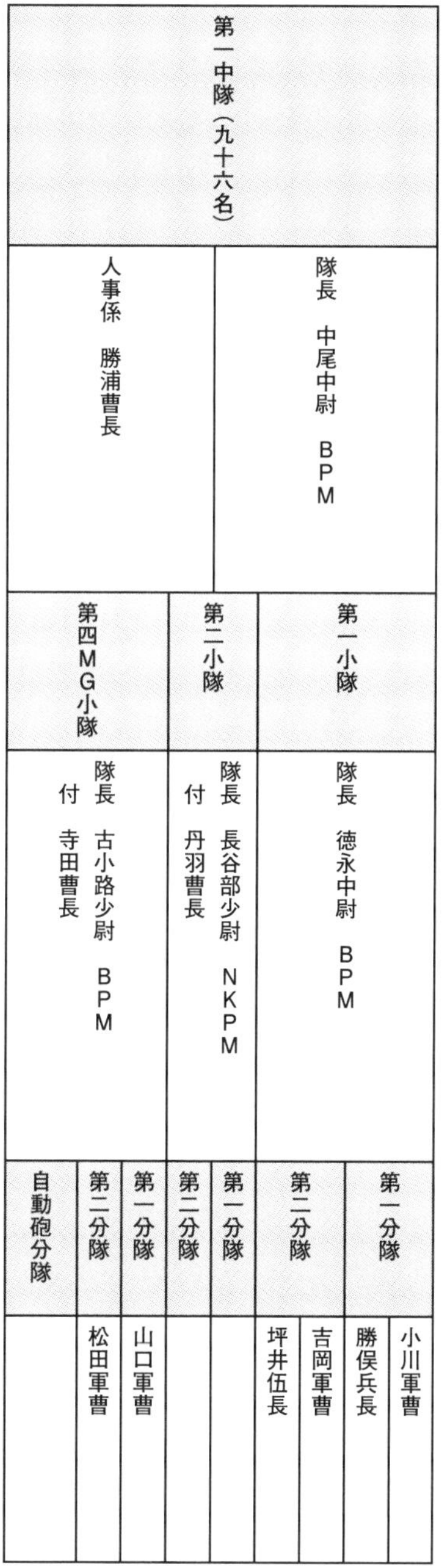

（注）降下直後の上空援護は、飛行第五十九戦隊（十三機）第一中隊長、難波茂樹中尉の五機。

油鉱山はここより西北方の山岳地帯に在り、長いパイプでここまで送油していて、ムシ河主流より分岐した支流を境として、東側にＮＫＰＭ工場、西側にＢＰＭ工場が在る。パレンバン市より約千メートル、パレンバン駅より約千五百メートル離れている。

アメリカ系のＮＫＰＭ工場は、長谷部少尉の指揮する第二小隊が降下攻撃した。英・蘭系のＢＰＭ工場は、徳永中尉の指揮する第一（特殊）小隊が降下攻撃し、これを古小路中尉の指揮するＭＧ小隊が援護、全般を第一中隊長の中尾中尉が指揮した。

徳永小隊は、プノンペン基地を離陸する二月四日に急遽編成された（私の元所属部下勝俣兵長、坪井伍長を含む）。製油工場の破壊防止や消火技術作業を専修した者を中心とする三十名で、ほとんど下士官の階級だった。

ＢＰＭ工場の攻撃

ＢＰＭ工場正面の中隊主力の降下地は、半森林、半湿地帯であって、飛行場の聯隊主力方面に比較して、物料箱の収拾は容易であった。森林に投下された物料箱より、約半数の兵器を手に入れることができた。

この際入手し得た山口分隊、松田分隊の重機関銃二丁は、この全戦闘間を通じ、極めて貴重だったことを疑わない。

ムシ川に面した二つの製油施設。左がＢＰＭ工場、右がＮＫＰＭ工場である。

わが編隊に猛烈に射っていた敵高射砲も、編隊がとび去った後は、一時静かになり、隊員も瞬間孤独感に襲われたくらいである。それでも平素の訓練のとおり物料箱へ、兵器の収拾に駈け寄ったのである。

当初散発的だった敵の地上銃火も、時の過ぎるに従って盛んになってきた。わが軍は、湿地帯を一進一退の状況である。そのうちに工場の石油タンクの一基が濛々と火を噴いて燃え上った。「降下即突撃」の挺進部隊の原則を決意した第一中隊長は、古小路ＭＧ小隊の援護射撃により、徳永小隊の攻撃前進を命じた。

寺田曹長は、顔面を負傷しながらも沈着に、重機関銃の敵前試射を行って、この援護射撃に余念がない。

吉岡分隊、小川分隊は、この間に前進したが、敵は壕に寄って盛んに射ってくる。

そして敵の兵力が増加してくるのが、タンクの炎に照らされて見える。一進一退が続いたが、一時間半後の午後一時、工場西南端の一角に取り付くことが出来た。

引き続きこの一角から、住宅内を通って戦果を拡張して行った。

小川分隊の勝俣兵長（愛知県）は、右方に聳《そび》えた工場内最高のトッピングの望楼に攀《よ》じ上って行く。彼我の環視の中だ。敵弾五発が兵長の脚を貫いた。しかしひるまず頂上近くに達したが、臀部と肩を敵弾にやられた。なおも屈せず頂上に這い昇った勝俣兵長は、午後一時三十分、日の丸の旗を頂上にくくりつけた。

翻翻《へんぽん》とひるがえったこの旗こそ、その戦機に投じて友軍の士気を奮い起たせたものであり、敵の戦意を喪失させた、大変価値をもった感激の日の丸だったのだ。

なるほど、発進基地の前夜、小隊長の私に噛みついて来た勝俣兵長の根性がよーく解った。

このトッピングの裾付近に徳永小隊、社宅群の中程付近に古小路MG小隊が陣地を確保し、敵と対峙したままだ。私の小隊から配属された坪井栄伍長、内方一政軍曹も奮闘中。


一方このころ、社宅西側の広い一本道を、敵事務所へと単身潜入した鴨志田軍曹（茨城県）は、事務所の入口にさしかかり、群がる敵に手榴弾を投げて数名を倒し、なおも拳銃を射撃するところを、三方の窓から敵の集中射を浴び、身体に十発の弾丸を受けて倒れた。なおも手榴弾を投げ、敵に損害をあたえるも、もはやこれまでと観念して自ら拳銃を額に当てて自決。あっぱれ挺進精神の権化ともいうべき鴨志田軍曹の勇敢な戦闘ぶりは、原住民でさえ斉《ひと》しく賞賛してやまない武

敵弾を浴び満身創痍の勝俣兵長が日の丸を掲げたトッピングの望楼。

人の亀鑑《きかん》であった。

石油タンクの火災発生が懸念される工場戦闘の困難さと、手持ち弾数の不足欠乏を考え、第一中隊長は全隊員に弾薬の節約を命じ、夜暗を利用して工場の残り半分の奪取を決心し、敵と対峙したまま時機を待った。

午後七時すぎ、攻撃を再興して敵中に突入したが、敵の逆襲を受けた。辛うじて踏み止まったが、夜に入った午後八時より明くる十五日の午前四時ごろまで、押しつ、押されつの小戦闘があった。

十五日の午前四時ごろより敵の大した反撃もなくなり、午前八時、夜明けとともに第一中隊主力は、概ねＢＰＭ工場占領の見定めが付きかけた。

少数の兵力では広大な工場の占領も困難

炎上中の製油所設備。

で、工場外からする敵の増援、反撃なども考え、またムシ河河上からの敵水上機動も、当然予想せねばならない。

午前四時三十分ごろ、サイレンが響き渡り、少し経ってから、約二百メートル距てたNKPM工場（長谷部小隊の攻撃中）に大爆発が起こった。それは敵が故意に破壊して、日本軍に利用させないようにしたものだった。それ以来火柱が天に高く上って、あたりは真昼のように明るくなった。夜が明けてからも、両工場の間の小流に舟を使って、敵か事務所員かがウロウロしていた。

十五日午前九時三十分、BPMよりパレンバン駅を結ぶ道路を、十六名がやって来た。「それ来たぞ！」と射撃準備をした。その一群は停止しようとしない。距離二百メートル、なおもわれに接近してきて、百メートル。全員手を挙げた。われに降伏したのだ。続いて工場内に残っていた兵数名も降伏した。

しかし大部分の敵は、陸路、河川を利用して、パレンバン市やパレンバン駅の方向へ退却してしまった。

昨日十四日の降下後今までに、中隊の戦死六名、負傷七名の犠牲を払うに到った。

通信機は未入手のままであって、第二小隊（ＮＫＰＭ）や聯隊主力方面との連絡もとることが出来ず、その安否を知る術もない。

ＮＫＰＭ工場の攻撃

長谷部少尉以下三十名は、概ね予定の地に降下した。だが思ったより湿地が多い。ジャブンと着水する者がほとんど。着水で負傷者はなかったが、深いのに驚いた。前進するのに舟を用いねばならない深さである。しかし降下地の木々付近からは道路が一本ついていて、工場につながっている。道が湿地に浮いているようだ。この一本道路が、任務遂行に命の綱か？隊員を横に散開させられず、ために一列縦隊で進むと、敵の串刺しとなる。小隊長は困惑する。しかし神さんは見捨てなかった。

最後尾降下者だった池野伍長は、樹木の生えた高射砲陣地の付近に降下した。その砲手へ拳銃を速射した。敵は怖がって逃げ出す。一本の真っ直ぐ道路を。そこへ宗万兵長の軽機関銃が火を噴いた。

この援護射撃によって戦機をつかみ、長谷部少尉以下数名は、道の両側を匍って前進することができた。

湿地の対岸の陣地から、敵の射撃が始まった。躍進して前進した宗万兵長は、道路の中ほどまで前進したわが方を妨害する敵機関銃に集中射を浴びせた。山下実一等兵（広島・尾道）は、尾骨を負傷しているが、この射撃を助ける。

長谷部少尉は、このわが射撃の弾着を双眼鏡で観測修正して号令していたが、敵弾が少尉の頭部を貫通してしまった。あっぱれ陣頭で戦死してしまったのである。山下一等兵は、小隊長の許へ駈け寄る。

小隊は怯んだが、それ以降、付の丹羽曹長が小隊の指揮をとることになり、小隊長の弔い合戦と力む。だが、なかなか前進できない。それでも敵火が休む瞬間に、こちらが前進しようとすると、また敵が射撃してくる。道の斜面に張りついたまま時間が経つ。

耐え忍んでやっと夕刻となり、対岸に近迫して敵の第一線に突入することができた。

夜遅い十一時、敵の第二線陣地まで到着することができた。つづいてトッピング付近と敵の兵舎を占領することができた。

十五日午前四時三十分ごろ、敵方で二回にわたりサイレンの音がした。「なにかあるぞ？」と注視していると大音響とともに、正面の石油タンクが、二百メートルもの高さに火炎を噴きあげた。敵は予め準備してあった爆薬に点火したのである。

これがあってから、付近がコウコウと明るく照らし出されたためか、敵兵、敵人の動きがだんだんなくなり、静かになりかけた。数少ないわれら隊員は、この工場の確保につとめたが、なにぶん工場は広すぎた。

十五日未明までに敵はほとんど舟艇に乗り、ムシ河支流を渡り、退却してしまったのである。五号無線機も水に浸かって故障か？第一中隊指揮班とも連絡取れず、また主力の攻撃成否も判らず、タンクの消火に戸惑う状態で、わが死傷者の処理や降下後の未集結者の捜索、掌握につとめるだけだった。ムシ河の下流方面が騒がしいのだけは判るが、動きようがなかった。

敵の配給で朝食にありつく

二月十五日午前六時三十分、ここ飛行場事務所横の陣地を確保している第二聯隊の主力隊員の付近に夜は明けた。敵影を全然認めず。ああ、占領を達成し確保できたのだ。昨夜からの対逆襲準備など徒労に終わったか？

大事な滑走路を見渡すと、これも破壊されていない。「ああよかった」と思う。生き残った者が互いに手を取り合って喜ぶ。負傷の血痕、ボロボロで泥で汚れた被服、それに目や頬が落ち込んで人相が一変している。

この朝はまた好天でもあった。十五キロメートル余距たった製油所方向を眺めると、黒煙が濛々と四〜五本竜巻のように天に昇っている。昨日のシンガポールと同じだ。

「攻撃失敗か？」誰の顔も、製油所に降下した第一中隊の状況について心配顔である。

「無線機が手に入っていたならなあ」と嘆息。走って、歩いて、直接連絡とるしか方法がない。それにしても「ムシ河をどうして渡るか？」となると誰にも妙案がない。「一中隊、成功していてくれたらよいのになあ」としみじみ祈った。この黒煙柱から想像すると、「全滅？」とも考えられるからだ。

黒煙を上げ、炎上するパレンバン製油所。

午前八時三十分ごろだっただろうか。飛行場へ通じる一本道路を市方向から来る一輌のトラックが見え、事務所前の小川の橋で停車した。

「何事か?」とわが陣前歩哨が駈け寄ってみると、その車の運転手が飛び下りて一目散にジャングルへ逃げ込んだ。運転手はあきらかに敵である。

わが方から数名が、車の傍へ寄ってゆくと、なんと焼きたてのパンや缶詰類である。

推察するに、飛行場の空中勤務者や警備兵に、毎食事時限にパレンバン市(市内の兵営?)から食料輸送していたのだろう。そうすると市街の敵は、飛行場が既にわれらに占領されていることを未だ知らないのだろう。昨夜われらが飛行場事務所に突入した時、敵はみなパレンバン市と反対の北方へ逃走したためであろう。

敵なお健在。パレンバン市を警戒せよと自分に言いきかせつつ、われら飢えた隊員は、マンマと敵のお膳立てで朝食をご馳走になり、微苦笑したものである。

挺進団長と合流

午前九時三十分、このトラックより遠くの所に二〜三人ウロウロしている。ハテと私は双眼鏡で見ると、そのうちの一人は、荒くれ者のようなごつい歩き方だ。もう一度確かめると咄嗟に私は叫んだ。その歩き方をよーく知っているからだ。

「挺進団長殿だっ!」「ホレ、久米大佐だっ。上田大尉だっ」

甲村聯隊長に報告するや否や、私は片脚を引きつつ走って行き、即座に、

「挺進団長どの!聯隊は飛行場を奪取しましたっ!」と報告した。団長は、

「ご苦労、ご苦労。どうだ。脚をやられたか?大丈夫か?」

といたわってくださる。

「団長どの!やりました。われら思う存分やりました。そして勝ちました。滑走路は安全。大成

半湿地帯に強行胴体着陸した挺進団長久米大佐搭乗機。

功です。甲村聯隊長が居られますから、こちらの陣地へどうぞ」と案内した。

強行胴体着陸機を操縦したのは、挺進飛行戦隊の野崎幹雄中尉だ。着陸予定は第二聯隊主力の降下地付近だったが、遙か遙か遠く十五キロメートルも離れた、パレンバン市西方のパレンバン駅向い、ムシ河対岸の半ジャングル、半湿地帯に着陸してしまった。それでは部下聯隊の指揮も出来ない。まして全員待望の速射砲の使用もできない。着陸地を狂わしたのは、何故か？飛行場周辺の敵対空砲火（十八門）の猛射を避け、上空を一周半旋回し、静かでジャングルの無い所を選んだのである。

しかし一夜を徹してここまでよく到着したものだ、とも思う。みな山賊のような恰好をしていた。第一挺進団長・久米精一大佐、第十六軍からの派遣参謀・井戸田勇中佐、通信隊長・上田大三郎大尉、カメラマン・荒木報道班員、通訳・斎藤爺さん、の五名であった。

部隊感状の授与

午前十時、ジャワ方向から双発の飛行機が一機、飛んできた。彼我の識別判断が困難である。

「おーい。敵機だぞ！みんなジャングルへ入って隠れろ」

しかし、この飛行場の上空を旋回し始めた。

「おーい。友軍機だ。みんな出て、日の丸の旗を振れっ！」

各降下隊員は、手に手に日章旗を振りかけたが、いや、どうもおかしい。その翼の日の丸が少し小さく、おかしいぞっ、と思った。

「だめだめ、ジャングルへ入れ」と私は叫んだ。

しかし、この飛行機は、三回目の旋回を始めた。

「今度は大丈夫。本当だっ！みんな出て、旗を振れっ！友軍機だ」

まもなくこの機は、滑走路に着陸して来た。その機の窓から、飛行集団の川元浩参謀（陸士、四十三期、鹿児島県）が跳び下りてきた。参謀懸章が遠方からでもハッキリ見える。

川元参謀は下りてきて、手当たり次第、一兵一兵毎に握手して、参謀自ら兵に敬礼している。兵の労苦をねぎらっているのである。そして白い手袋の手には紙が握られている。南方軍総司令官、寺内寿一大将よりの部隊感状を携行して来たのである。

私たちは、この感状をレディメード感状と呼ぶに至っている。事前に総軍航空参謀・松前未曾雄少佐（陸士、三十八期。甲村聯隊長と同期生）によって作成されていたからである。

感　状

第一挺進團　パレンバン進攻部隊
之ニ直接協同シ挺進セル飛行部隊

右諸隊ハ陸軍最初ノ落下傘部隊並ニ協同部隊トシテ二月十四、五日ノ両日ニ亘リ空地ノ抵抗ヲ破砕シツツ寡兵長驅決死敵中ニ投シ南部スマトラノ要衝パレンバンヲ奇襲シ敵ノ根據飛行場ヲ其ノ破壊ニ先タチ占領セリ
此ノ破天荒ノ行動ハ南方軍ノ先鋒トシテ克ク戰機ニ投シ蘭印馬來両方面ヲ分斷シ且全軍爾後ノ作戰の鍵鑰ヲ確保セルモノニシテ其ノ武功ハ抜群ナリ

仍テ茲ニ感状ヲ附與シ隷下全軍ニ布告ス
昭和十七年二月十五日

南方軍總司令官　伯爵　寺内壽一

われら降下隊員は、ここで始めて後方の友軍と血が通ったのだ、という嬉しさで、私でさえポロポロと涙を流した。

執念のこの滑走路を、敵に破壊させる暇も与えずに、奇襲、強襲で押しまくり、今、目の前に現実に友軍機を着陸させることが出来たのだ。

降下から既に五十年の年月が経過しているが、私は風呂に入り、また折りに触れて、「ああ、友軍の飛行機ぞ……」（国民軍歌―討匪行―）と口ずさむ癖があるのは、この後方と繋がる、血が通う嬉しさが消えずに続いているからである。

第二次挺進隊の降下

わが挺進落下傘部隊の最大の主眼は、飛行場の占領である。次に望むところは、戦果拡張であり、三十八師団の上陸に先立つ製油所の占領である。聯隊長は川元参謀に尋ね、参謀はこう答えた。

「製油所の成否は、さっぱり判らない。隼戦隊、偵察機の報告によると、対空砲火は沈黙。ただトッピングに日の丸の旗が翻っている。今朝の情報です」

前記の私の小隊の部下、勝俣兵長が、幾個所も負傷しつつも昇り、この日の丸を挙げてくれたのだ。この日の四日後に、私はそのことを知って小踊りして喜んだものであった。

二月十五日午後一時、友軍の編隊が飛んできた。わが予備隊で翌日第二次挺進降下の第三中隊、森沢中尉以下九十六名である。

当初、滑走路に着陸の筈であったが、中隊付、足立中尉の強《た》っての意見具申で、落下傘降下に決定。

パレンバン飛行場上空、五百メートルの（内地の訓練時と同じ）高度をもって一斉に降下した。大部分は飛行場内に着地したが、少し風速あって、一部は森林に分布した。真っ白い花のようなその見事な降下ぶりは、戦闘に疲れ切ったわれらの士気を高揚し、また反面敵？住民のド胆を抜き、総退却の本決心をさせたことだろう。

ここで第三中隊が、着陸のはずのところを何故降下したか、について付言しておこう。

それは第一次挺進隊員らが、降下によって兵員の集結、兵器の収拾で大変な苦杯を嘗めている

パレンバン飛行場占領翌日、予備隊である第三中隊が落下傘で降下した。

のである。ここで再び第一次の轍を踏めば、戦果拡張や戦機を失うことになるのである。しかし第三中隊の戦意や士気というものは、第二次挺進降下と決まってから、腐り切っていた。男として、武人として先陣を担うことを、どれほど名誉として尊んできたことか。内地を出て南半球まで来て、落下傘降下せず滑走路に着陸しては、先祖に申し訳けないと考えたのだろう。降下指揮者が編隊長に強行に申し込んでこの挙に出たのである。

この隊の降下後、集結、収拾がスムースにいったのは幸いだった。滑走路にかかった落下傘も早急に取り除かれ、挺進飛行戦隊の輸送機は、次々と着陸して来たのである。

パレンバン市を攻撃

第三中隊は、聯隊長の指揮下に入り、予備隊となったが、第一挺進団長は、第二次攻撃目標をパレンバン市街と決定して命令を下達した。

聯隊長は、第三中隊付の足立睦生中尉（五三期）ほか二名を将校斥候に命じ、鹵獲のトラックに乗り、パレンバン市のカトリック病院へと向かわせ偵察を命じた。

早乙女軍医大尉、挺進団の深田（のちに中村の姓）秀雄軍医中尉、和田吉雄衛生軍曹、坂本（現姓、田中）衛生伍長ら、衛生関係者は大活躍中であった。

その時、前日敵弾で腹を射抜かれ助からないと思われた大城中尉が、当番兵、口野上等兵の介抱で、飛行場へ辿りついた。そのことにみんな驚いたのである。

脚を負傷していた私は、両軍医から、

「当地はまことに暑い気候で、傷はいたみ易いから、奥本中尉のその脚は、破傷風になって片脚切断になるかも知れない。直ちに輸送機で後送になるように」

と言いわたされたのであるが、私は輸送機の離陸前にはジャングルの中へ逃げ、姿を隠して後送をいさぎよしとしなかったのである。

というのは、「本日ノ給養ハ、靖国ニ於イテス」と部下三十名と約束して決行してきたのである。私は負傷だけである。しかし対馬一等兵、山中一等兵、山本唯雄軍曹らの戦死者を出しているし、基地発進前夜に約束した大谷軍曹（兵庫県）、勝俣兵長らも重傷である。せめて私の部下の骨だけは私自ら拾いたかった。

それに加えてここまで来た以上は、パレンバン市街も攻撃したい。製油所へも赴いて私の部下の最後を見届けたい。というのが、私のひそかな念願からだったのである。むろん片脚切断は覚悟していた。後送機が離陸した後、私はジャングルから現れて働いた。

これを見て、久米団長、甲村聯隊長から「奥本！なぜ後送に応じないか」と叱られる始末だった。

さて当時、パレンバン市へ向かった足立中尉将校斥候の報告によると、

一、病院の中には、全然敵の負傷者がいない。
二、敵は、ムシ河を小艇で退却中である。
三、われらは、これより発電所、給水源を確保のため更に前進する。

以上のとおりである。陸士教育、支那野戦の経験どおり模範的な報告である。

聯隊長は、これを聞いて、第三中隊にパレンバン市へ前進を命じた。

第三中隊が占領したパレンバン市内の敵兵営。

午後四時三十分、わが聯隊はすべて鹵獲のトラックを利用して前進した。行軍序列は、

一、足立将校斥候
二、第三中隊
三、聯隊本部
四、第四中隊
五、第二中隊

負傷者ならびに各中隊より三名づつで、飛行場を確保し、連絡に当たらせた。

中川甚吉一等兵(富山県)は鹵獲してきたトラックの修理に余念がない。

私は、中川一等兵の運転するトラックに乗り、第四中隊の先頭に在って、中隊長とともに午後五時、市街に入ることができた。

私たちが市街に入った時は、ほとんど欧米人は

認められず、インドネシア人ばかりで、その顔の相は日本人とよく似ていた。そしてそれらは日本軍に愛想がよく、好意に満ちて協力的だったことは、見逃すことができない。

第三中隊は、敵の本拠と考える市街中央の敵兵営を占領し、その一部は市街の要所々々に派遣されようとしていた。

私は敵兵営前のムシ河岸に到着した。そこでは第三中隊・MG小隊長の石井隆少尉が、部下を督励し重機関銃二丁を岸に据えつけていた。そして、水上を対岸へと退却中の敵舟艇に射撃を加えた。

ところが、敵舟艇は弾着が届かない程の距離に達していた（川幅八百メートルの筈だが弾は手前に落ちる）。一部の舟は転覆し、溺れている者もいた。敵は対岸のパレンバン駅より鉄道によってコタブミ、テロクベトン方向に退却するらしい。転覆する敵の舟を見て、この土地の住民は手を叩いて喜んでいたものである。

第一挺進団司令部、第二聯隊本部は、総てこの敵兵営内で指揮をとることになった。

さて日本軍に好意的だった市街住民は、全市を挙げて大騒ぎである。とくにオランダ系の店舗はそうである。私は、この騒動も暴動に移行しかねないと錯覚を起こした。兵営前に立って私は、団長、聯隊長の立会いで通訳の斎藤爺さんに言いわたした。

「日本軍は、住民には何も害になることはしないから、この騒動を直ちに中止せよ。もしわが軍

ムシ河で転覆するオランダの船舶。

の言うことを聞かない者は直ちに射殺する」

そう通訳を依頼した。すると老齢の斎藤氏は、「射殺」という言葉に刺激を感じたのだろう。憤慨した調子で、

「僕は他の言葉は通訳するが、『射殺』は僕の命にかけても絶対通訳しない」

といい張ってきた。しかし私はこの騒動が気になって仕方がない。聯隊長は、

「いや、それはいけない。絶対その通りに通訳せよ。責任はわしが引き受ける」

と、助け舟と加勢に入ってこられた。すると爺さん、

「絶対僕は嫌です。インドネシア人は、日本人を信頼しています。いや信仰に近いものです。もし日本軍が、住民を殺しでもしたならば、善意の軍政が保ちません」

と反発してきた。久米団長は、側でこの会

話を聞いていて、独りニコニコしておられる。

私は、「ジンキ（運転手、中川一等兵のニックネーム）来い！」と呼び、問答無用！と、斎藤氏を私のトラックに乗せ、隊長に二十分間を貰い、市中の騒動の鎮圧に駈け回った。ところが交差点の到る所で、住民にわが車を停められる。

何故だろうか？

住民は、ガソリンスタンドからホースを引いてきて、私の車に「ガソリンを入れよ」と言う。そしてオランダ人や店舗を指さし、ポンポンと射撃の真似をする。

「ガソリンをどしどしサービスするから、オランダ人をやっつけてくれ」というのである。二〜三個所でそんな場面に出会ったものである。

最も騒動のひどい個所へ到着した私は、大声で怒鳴るも応えないので、拳銃を空に向けて二〜三発射撃したが、ホンの一時だけ静かになるだけなのだ。オランダ人、英国人の店舗は上を下への大騒ぎ。火事場泥棒そのものである。

「われらは長い間、外人に搾取されて来た。それを今、取り戻しているだけだ」

と言っていると、斎藤爺さんは通訳してくれた。私は呆気にとられた。これではわが軍に大した害はないと判断し、思う通りにやるがよい、と言い捨てて、占領した敵兵営に還り、団長、聯隊長に報告した。

さて急を要するのは、製油所に降下した第一中隊（中尾中尉以下九十六名）の安否である。我等が居るムシ河の対岸を右へ、駅の方へと走る敵兵？住民？の群れが見える。

われらが製油所の退路に迫り、これを遮断する形勢にあるからである。

聯隊命令が出た。将校斥候の派遣である。第三中隊の古土井行雄少尉（兵庫県・一の宮）が選ばれ、佐藤定保伍長、野田忠義伍長、伊藤源吉伍長の精鋭が加わり、住民の舟を雇って製油所へと派遣された。

二月十五日、われらが敵兵営を占領した一時間後の午後七時三十分、第三十八師団（佐藤忠義中将）第二二九聯隊長・田中良三郎大佐の指揮する歩兵一個大隊、砲兵一個中隊、工兵一個中隊を基幹とするL作戦の先遣隊が船団（八隻）を組んで遡行してきた。その作業隊を製油所へ上陸させ、主力は、雁行隊形の大小発動艇多数でもって、高速で水上を走り、われら挺進団、聯隊が占領している兵営前の岸に次々と上陸した。

この先遣隊の河上遡行には、敵機の低空機銃掃射が激烈だったらしい。負傷者が多い。大発動艇上の兵隊の中に、舌を射られて、口の外へ千切れそうにペラペラ垂れ下っている者がいる。

そしてこの歩兵部隊の本部は、われらの居る敵兵営に入ってきて、両部隊が固く握手をした。そして敵産ウイスキーで乾杯をしたのである。もうあたりはすっかり暗い。

祝杯を片手に持った久米挺進団長、甲村聯隊長、どこから現れたか帖佐大尉、副官の中沢中尉、歩兵二二九聯隊長の田中良三郎大佐、同副官らが、黒く太陽に焼けた顔に笑みをたたえる。日のトップリ暮れた敵兵営内将校宿舎の一室で、ローソクの火で照らされ輝くその顔が、今も私の瞼に浮かんで来る。

歩兵部隊の話によると、製油所に日の丸の旗が揚がっている。勝俣兵長が負傷しつつも揚げたのだ。恐らくは成功しているのだろう、と言う。

工兵中隊は、明十六日より全工場の復旧作業をするらしい。


今だから記録しておこう。私は脚を負傷しているので、通訳・斎藤爺さんの近くに常に居る。だからつまらないニュースも入ってくる。

この頃に、オランダ人?英国人?の将校の奥さんが（四十歳足らず?）、「キャアキャア」とこちらの将校に訴えて来た。斎藤爺さんは通訳でも英語やオランダ語はわからない。インドネシア語だけである。手振り足真似で判断すると、昨日だったか、一昨日だったか、日本の軽爆撃機が、ここを空襲して不時着し、捕虜になった陸軍曹長が、兵舎横の営倉に入れられていた。パレンバン市へ日本兵が入ってくると市内は騒動になり、曹長はその隙に営倉を破って出たそうだ。その

占領後の製油施設構内。

奥さん曰く「将校宿舎で曹長に強姦された」とのこと。世界戦場ではどこでも有り得ることではあるが、もし本当ならこの行為は軍法問題だ。驚くやら腹立たしいやらである。

さてわが第一中隊から連絡来ず、本部から派遣の将校斥候も渡河しておらず、未確認ではあるが、南方軍の先鋒として、皇軍初の落下傘部隊は、われらの苦闘によって偉功をうち樹てることができたのである。

大本営発表

「大本営発表（十五日午後五時五分）。
強力なる帝国陸軍落下傘部隊は、二月十四

日午前十一時二十六分、蘭印最大の油田地帯たるスマトラ島パレンバンに対する奇襲降下に成功し、敵を撃破して飛行場、その他の要所を占領確保するとともに、更に戦果を拡張中なり。陸軍航空部隊は、本作戦に密接に協力するとともに、すでにその一部は、本十五日午前同飛行場に躍進せり」

大本営陸軍部報道部長・大平秀雄大佐のこの発表を聞いて、全国民は驚異の眼を見放ったのである。

シンガポールは未だ陥落していないにもかかわらず、迅速に長駆したこの戦果拡張には、われながら呆れかえるほど賞賛したいのである。

そして更にもう一つ全国民を驚かせたことは、

「日本にも、落下傘部隊が有ったのだ！」

ということである。万事隠密裏に、創設以来一年半、浜松に、白城子（満洲）に、そして宮崎に懸命に刀を磨き、抜き放った日本刀。今や忽然としてその覆面部隊の名をかなぐり捨てて、日本陸軍史の舞台にその姿を現したのである。そしてその日本刀の斬れ味もまた見事なものだった。ドイツやソ連のどの先例よりも、この日本刀の冴えは、世界に脅威を与えたのである。

明くる十六日の帝国議会においては、東條英機陸軍大臣自らこの報道を重ねて、国会に戦況報告をしたのである。さらに引き続く戦果を夜遅くに報道した。

「大本営発表（十五日午後十時十分）。マレー方面帝国陸軍部隊は、本十五日午後七時五十分、シンガポール島要塞の敵軍をして無条件降伏せしめたり」

「大本営発表（十五日午後十時十分）。南方方面陸軍最高指揮官は、陸軍大将伯爵、寺内寿一。同総参謀長は、陸軍中将、塚田攻なり」

なお陸軍部報道部は、後刻二十二日に「パレンバン要衝占領の意義」として次のように解説表明している。

「スマトラ島パレンバン、バンカ島パンカルピナンなど今次の要衝占領は、わが南方作戦遂行上戦略的ならびに資源的に重大な意義をもつものである。すなわち、
一、スマトラ島は、さきにわがマレー半島作戦に対し、蘭印軍の前進拠点地点を形成し、しばしば反撃にでていたが、シンガポール要塞失陥とスマトラ島要衝パレンバンを完全に占領されたことによって、同島の機能は完全に喪失したこと。
二、さきのボルネオ島要衝占領と相い俟ってスマトラ島、バンカ島、ボルネオの三重要基地が、われによって完全に連絡され、一本の南方進攻作戦の基線を形成したこと。

三、右の基線によって、敵の南支那海方面出動を遮断し、またスマトラ島とジャワ島との遮断によって、蘭印は事実上手脚をもぎとられ、その心臓部に匕首を刺されたものであり、さらにさきのチモール島の皇軍上陸と相い俟って、ジャワ島は、戦略上孤立化するに至った。

四、しかしスマトラ島およびバンカ島は、石油、ゴム、錫など戦争完遂上不可欠の資源に富み、わが優秀な開発技術によってこの無尽蔵の宝庫が開発されるときは、日本が資源的にみて甚だ有利な態勢におかれ、わが方の資源作戦展開に重要基点を加えたものである」

このようにしてわれら落下傘部隊の奇襲成功の意義とその価値について、大本営報道部はＰＲに当たったのである。矢継ぎ早のこの大戦果に国民は挙げて感嘆し、その不敗を信じ、「向かう処敵なし」として皇軍破竹の勢はここに八十年の歴史と伝統を誇り、面目躍如たるものがあったのである。

これと同時に、これより一か月以前の一月十一日に、海軍落下傘部隊がセレベス島メナド降下作戦で使用されたことも発表された。このようにして、秘かに訓練されていた落下傘部隊が、初めて公開されるに至ったのである。

戦場掃除

パレンバン飛行場へは、十五日、十六日と次々にわが第三飛行集団の戦、爆、偵、輸送戦隊が着陸し、つづいて南部スマトラのL作戦に、そして最も狙いとするジャワH作戦にと離陸、急進撃をして行った。

第三十八師団先遣隊の歩兵部隊は、十六日未明から敗敵を急追して、どしどし奥地へと進撃して行ったのである。

十六日、製油所に降下した第一中隊とも連絡がとれ、製油所攻撃の概ね成功も確認されたのである。

挺進部隊は、往時のことばで言えば「戦場掃除」といって戦果や戦利品の確保や友軍死傷者の収容に当たることになった。

将校連の中に、野戦における死傷者の火葬についての経験者が居ないので、足立中尉が「オク、貴公がやってくれんか。俺の中隊には戦死者がいないが……」と言う。私は中国の野戦の経験を活かし、自ら進んでこの役を買って出た。各中隊からでた使役兵を率いてパレンバン市より飛行場へ赴いた。当時の私の日記をみると、

パレンバン飛行場占領後、続々友軍機が飛来した。

「二月十六日、戦場掃除、死体収容。暑さのためウジ虫すら湧きある状態なり。戦死者に対しては申し訳なきことながら止むを得ず。

火葬の準備をなす。

飛行場への往復途中、わが古戦場をいちど通過するや、貨車多数転覆のままにして、彼我の死屍山積みとなるあり。臭気鼻を衝き血生臭し、これを見、これを嗅ぐ時、誰か詩なからんや。誰か文なからんや、古い名文章『古戦場を弔う』の文を思い起こす」

「私は使役兵に命じて、飛行場事務所横のゴム林中に、等身大の穴を整然とならべて掘らせた。深さ一メートル五〇センチ。そして付近の枯枝を集めて穴の底より一メートルの高さに綺麗に積んだ。その上へ一人一人の死体を穴毎に別々に安置した。死体の頭の付近に一人一人の名札を地面に植え付け、死体の上に更に五〇センチの高さに枯木を積み、その上にトタン板を被せて準備は終わった。この夜は、霊前歩哨を立たせた」

「二月十七日、火葬の火付け式を行った。最後のお別れである。甲村聯隊長、各中隊長に立ち会うてもらい、読経の経験者の伍長に念仏を誦えさせた。トタン板をまくり、枯れ木にガソリンをふりかけ、再びトタン板で覆い、私が点火をしたのである。読経の声の中、生存者の戦友に『捧げっ銃』の敬礼をさせた。くすぼる煙は白く各穴から上り、あたりのゴム林の一面にたなびいていた」

「二月十八日、戦友の骨拾いである。一昼夜くすぼらした死体は、各穴の底にきれいに白骨となって残っていた。私は喜んだ。私の火葬作業は成功である。そしてまた自分の部下の死体は自分で処理する義務感？に満足を覚えた。

誰が作ってくれたか、長さ五〇センチメートルぐらいの白い新しい箸で、各隊長、戦友、あるいはその部下の手で、そのきれいに出来上った白骨を拾ったのである。

丁度この頃、雨が降ってきた。死んだ戦友との別れの涙雨だったのか？

この拾った骨は白木の箱に入れ、パレンバン市街の宿舎に持ち帰り、安置した」

「二月十九日、市街の将校宿舎で三十七柱（もう一柱の行方がどうしても判らない）の英霊の慰霊祭が厳粛に執行された。しかし兵営内の爆発物に触れて妹尾晃中尉が怪我をした。この英霊の本骨は後日、宇田川中尉以下数名が宰領《さいりょう》して、内地に凱旋させた。そしてその残骨は、火葬を行ったゴム林に纏められ、墓地として祀られたのである」

さてこの墓地は、この作戦終了後もこの地を訪れる各部隊や、パレンバン市内に住む在留邦人ら、とくに婦人会員らによって墓参の絶え間がなかったと聞く。またこの墓地に面した一本道路の入口に、高さ二十メートルもある「挺進隊奮戦之跡」の忠魂碑が建立され、線香の煙と生花の供えが絶えなかったともいう。

当時「陸軍落下傘部隊」の著者であった航空集団の野中参謀は、終戦まで毎年二月十四日の降下記念日に、この墓を訪れることを欠かさなかったという美談も聞いている。

さらにこの地の部隊や在留邦人らによって自然に歌が生まれ、

「パレンバンには　名所が二つ
落下傘の生命に　かえて
勝ち取り　了えた　飛行場……」

帰還した英霊の遺骨。

パレンバンに散った日本軍英霊の墓標。

挺身隊奮戦地之跡。

わが挺進部隊は、強いだけが能でない。一本道路上の第一次、第二次遭遇戦跡の敵死体が腐って、ウジ虫がいっぱい。通行時臭くて仕方ないと、製油所に降下援護した難波茂樹中尉（広島県）は述懐していた。熱帯なので腐りが早い。そこで降下隊員の手で収容し、懇ろに葬り、十字架を立て、献香供花してアーメンを唱える真似をして「敵にはあれど、なきがらに、花を手向けて……」と歌ったのである。

わが事終わる　離隊　後送

かくして私は「わが事終わる」と納得し、頻りに今まで後送を勧めていた深田（後に中村の性、高野山に空挺墓を建立）軍医中尉、早乙女軍医大尉の言を容れて、二月十九日午後四時離陸の輸送機（ロッキード型）に他の負傷者や連絡者らとともに便乗し、夕刻マレー半島クルアン兵站病

敵兵の遺体を懇ろに埋葬し、十字架を立てる第四中隊の兵士。墓標には「英蘭兵ヨ安ラカニ眠レ　1942年2月戦死」と書かれている。

院に入院した。

このわれらが奪取したパレンバン飛行場を離陸した後、操縦者は親切に一旋回してくれた。長い方の滑走路は千二百メートルの長さがある。空の要塞B17はそのままで、延長予定で森林伐採された経始を眺め、私は思わずハラハラと落涙した。有為転変、つい先日の死の覚悟と只今機上での生の身。早く脚を治して再び此処に復帰しよう。

ここの病院には、負傷した直後に後送なった私の部下の勝俣兵長、村田伍長が居た。横に大城中尉も。猛暑の部屋に寝ていて臭い。はらわたが腐っているな？と感じた。

この病院には老齢の衛生下士官、衛生兵が多かったが、われら落下傘部隊兵に対しては極めて丁寧親切にしてくれたことが印象に残っている。

最後に第二聯隊の隷属を記載しておこう。

二月二十二日、第一挺進団は、第十六軍の指揮から離れ、三飛集（第三飛行集団）へ。

三月一日、三飛集の指揮から離れ、総軍の直轄へ。

聯隊の降下者は、舟艇で、シンガポールへ、さらにクルアンへ。鉄道でマレーを北上、私は部隊復帰を願い、事故退院し、スンゲイパタニに在った第一挺進団司令部で待機、ここで聯隊に復帰し、タイ国を経てプノンペン挺進基地に投留し、ビルマのラシオ降下作戦の準備をすることになった。

おわり

大阪市で　一九六一（昭和三十六）年五月　起稿
同　一九七一（昭和四十六）年九月二十日　校正
市原市で　一九九二（平成四　）年六月二十日　脱稿

第二章　漫画「空の神兵」ものがたり

奥本　實／原作
磯　米／漫画

1941年蘭領東インド※オランダ人居住区
※現在のインドネシアは当時オランダの植民地で蘭領東インドと呼ばれていました
キャッ
キャッ
これこれ坊やダディの大切なお道具よ
お返しなさい
これ
これ
キャッ
キャッ
や〜だよ〜
ん?

んしょ
んしょ
ねえマミー あの子は ナニしてるの？
フフ…坊や あの子は インドネシアの子で
私たちの おかげで 生活ができて いるのよ
ふうん
今日は間に合って いるから 何もいらないわ
目障りだから とっとと お帰り！
……………
あの子 言葉しゃべれ ないの？
ホホ…あの子達は 学校も行かずに ただ働くだけなのよ
すご すご
さあ〜 坊や
お茶に しましょう
はあい

んしょ
んしょ
あっ!
おじいちゃん!
今日は一つも売れなかったよ ごめんなさい…
そうかい
ご苦労さん 荷を降ろして一休みしようか
ねえ おじいちゃん
なんだい?
インドネシア人は一生オランダ人に使われるの?
……

―かわいい孫よ
この国には昔からジョヨヨボ伝説というのが信じられているんだ
ジョヨヨボ伝説？
―そうあの碧い碧い空から神の兵が降りてきて悪い白人達をやっつけてわしらを助けてくれるんじゃ！
それほんと!?
ほんとうさ
神様の予言だから絶対に間違いないよ！
いつか来るといいね神の兵たち！
そうだね
早く助けに来てくれないとわしらこのままじゃ本当に死んじまうからな…

マラッカ海峡上空
高度3千メートル

日本陸軍80年史上初の
落下傘兵329名が
特殊任務を背負って

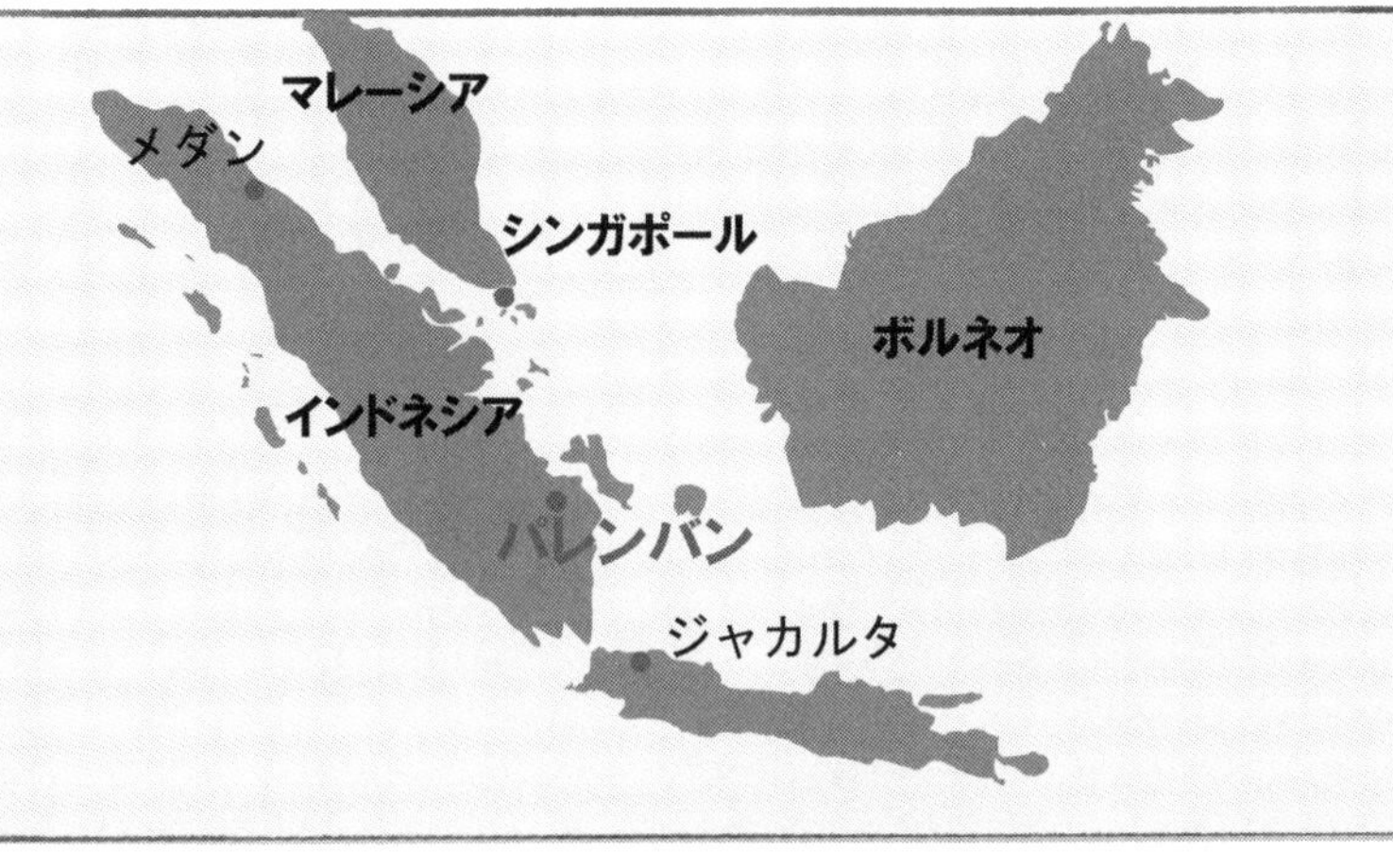

一路
インドネシアの
パレンバンに
向かっていました

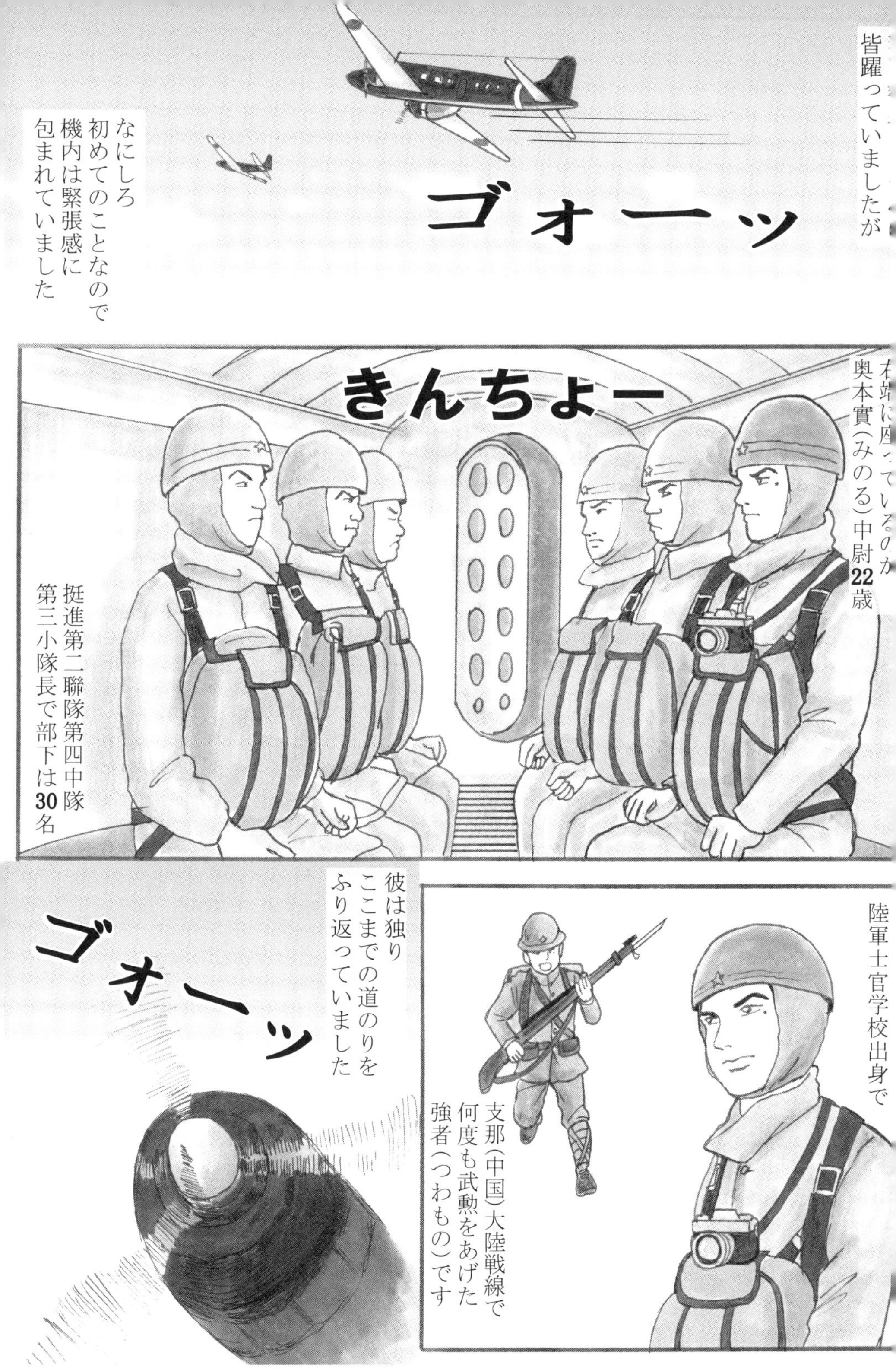

皆躍っていましたが
ゴォーッ
なにしろ
初めてのことなので
機内は緊張感に
包まれていました
右端に座っているのが
奥本實(みのる)中尉22歳
きんちょー
挺進第二聯隊第四中隊
第三小隊長で部下は30名
陸軍士官学校出身で
支那(中国)大陸戦線で
何度も武勲をあげた
強者(つわもの)です
彼は独り
ここまでの道のりを
ふり返っていました
ゴオーッ

1941年
読売遊園地二子玉川園
奥本中尉！
菊地軍曹
お似合いですよ
学生服が
そうかな？
かなりきついんだけど…
おまえさんこそまさに学生だな
自分は童顔ですからね！
はは…
今度の作戦は隠密裏だから学生服を着て来いという命令だ
奥本中尉どんな作戦なんでしょう？
詳しくは分からんが
落下傘で敵陣に乗り込む奇襲作戦には違いない
成功出来るでしょうか？
いやっ！必ず成功させなければならないっ
その前に訓練だ！
はいっ!!

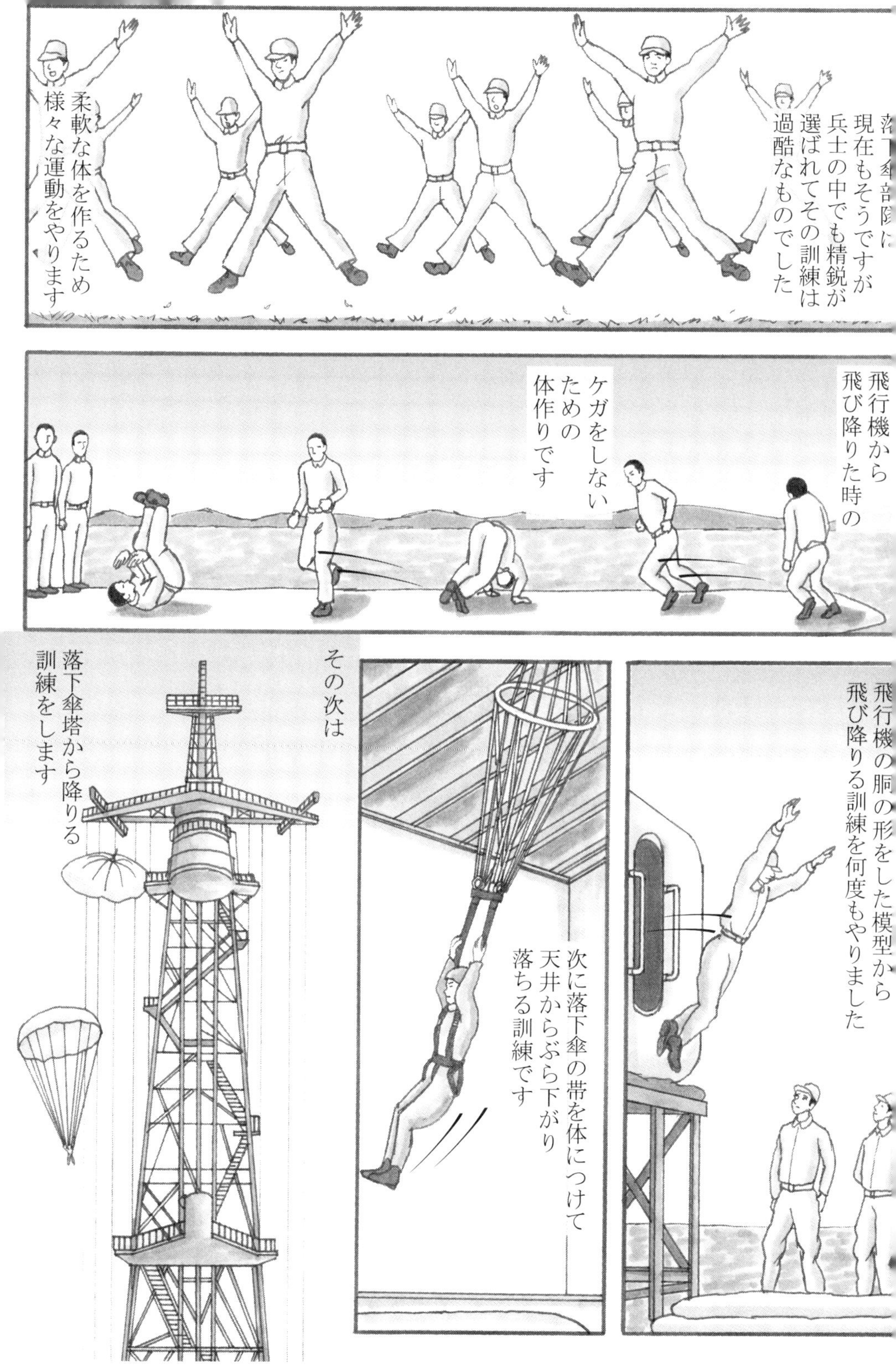
落下傘部隊に
現在もそうですが
兵士の中でも精鋭が
選ばれてその訓練は
過酷なものでした
柔軟な体を作るため
様々な運動をやります
飛行機から
飛び降りた時の
ケガをしない
ための
体作りです
飛行機の胴の形をした模型から
飛び降りる訓練を何度もやりました
次に落下傘の帯を体につけて
天井からぶら下がり
落ちる訓練です
その次は
落下傘塔から降りる
訓練をします

落下傘のたたみ方が
とても重要で
何回も何回も練習をします
上空で傘がうまく開くか
開かないかはたたみ方に
紀元節には開傘祈願際を行い
自分達の落下傘にお神酒を
あげて祈りを捧げました
どうぞ
開きますように!!
1941年12月8日
資源を持たない日本は
欧米の策略によって
石油輸入を止められたため
自衛の戦いの火ぶたを
切らざるを得ませんでした
それで
石油確保のため
蘭領東インドへの
落下傘奇襲作戦が
立てられたのです
スマトラ島のパレンバン
の飛行場と製油所を
制圧するために
奥本中尉が所属する
挺進第二聯隊に
命令が下りました
当初は
挺進第一聯隊の
予定でしたが
海難事故のため
代役として
選ばれました

本日ノ給養ハ靖國ニ於テス
本日の給養ハ靖國ニ於テスと…
よし
おっいいですね！
小隊長の目印ですね
ん？
あいつの名は？
形野上等兵です
にわかに編成された部隊だから部下の顔が判らんな！
バリカンを持ってきてくれ！
はいっ！
俺の部下達の髪を丸く刈れ！
はいっ！
バサ
バサ

日の丸ですね！
よし　これで　分かり　やすいぞ！
俺の部下がパレンバンで　戦死したら必ず俺の手で　骨を拾ってやるからな！
思う存分　暴れてくれ！
はいっ!!
逆に俺が先に　戦死したら　俺の骨はお前達が　拾ってくれ！
もちろんです　奥本中尉！
必ず自分が　中尉殿の　骨を　拾います！
私もです！
私もです！

さあ
もう寝ておけ
明日は早いぞ！
はいっ！
小隊長殿っ！
一緒に
死ねないのが
残念です！
―勝俣兵長
貴様は製油所に
俺は飛行場に
落下だから
しっかり
やれよ！
はいっ！
必ず
やり抜きます！
がしっ
戦い抜いて
靖國で
お待ちして
おります！
勝俣兵長…
俺は―
勇敢で良い部下
を持ったもんだ
はっ
奥本小隊長！

私の袋が空いてますから
小隊長のカメラは自分が持って降ります―
あ、対馬一等兵すまんなありがたい…
その代わり自分が暴れまわる
かっこいいところを撮っておいて下さいよ
よし分かった!
さすが漁師の子
出陣間近だというのに落ち着いているな
あ、そうだ!
ガサ
ゴソ
みんなこれをつけろ
戦死に際して汚臭を敵国に残すなかれ―だからな
香水ですか!?
初めて香水つけた!
プン
プン

皆よいか！ようく聞け！
落下したらすぐ武器を収拾せよ！
拾ったらすぐ俺の元へ来いっ！
俺より前方へ絶対出るな！俺を盾と思え！
単独行動は絶対するな!!
はいっ!!
さあムシ河だ！
降下用意!!
ん？
ドアが開かない!?
私もお手伝いします！
うーん
うーん

くそっ!!
う～んっ!!
あ
開いた!!
頑張って下さい！
成功を祈ります！
コクン
ゴッ
ジ
時に2月14日
午前11時26分―
バッ
奥本中尉が
先陣を切って飛び出し
0・5秒の間隔で
部下達が次々と続きました

パッ
パッ
パッ
ダーン
ダーン
ダーン
うわっ
敵の機関銃だ!!
ダーン
ブス
ブス

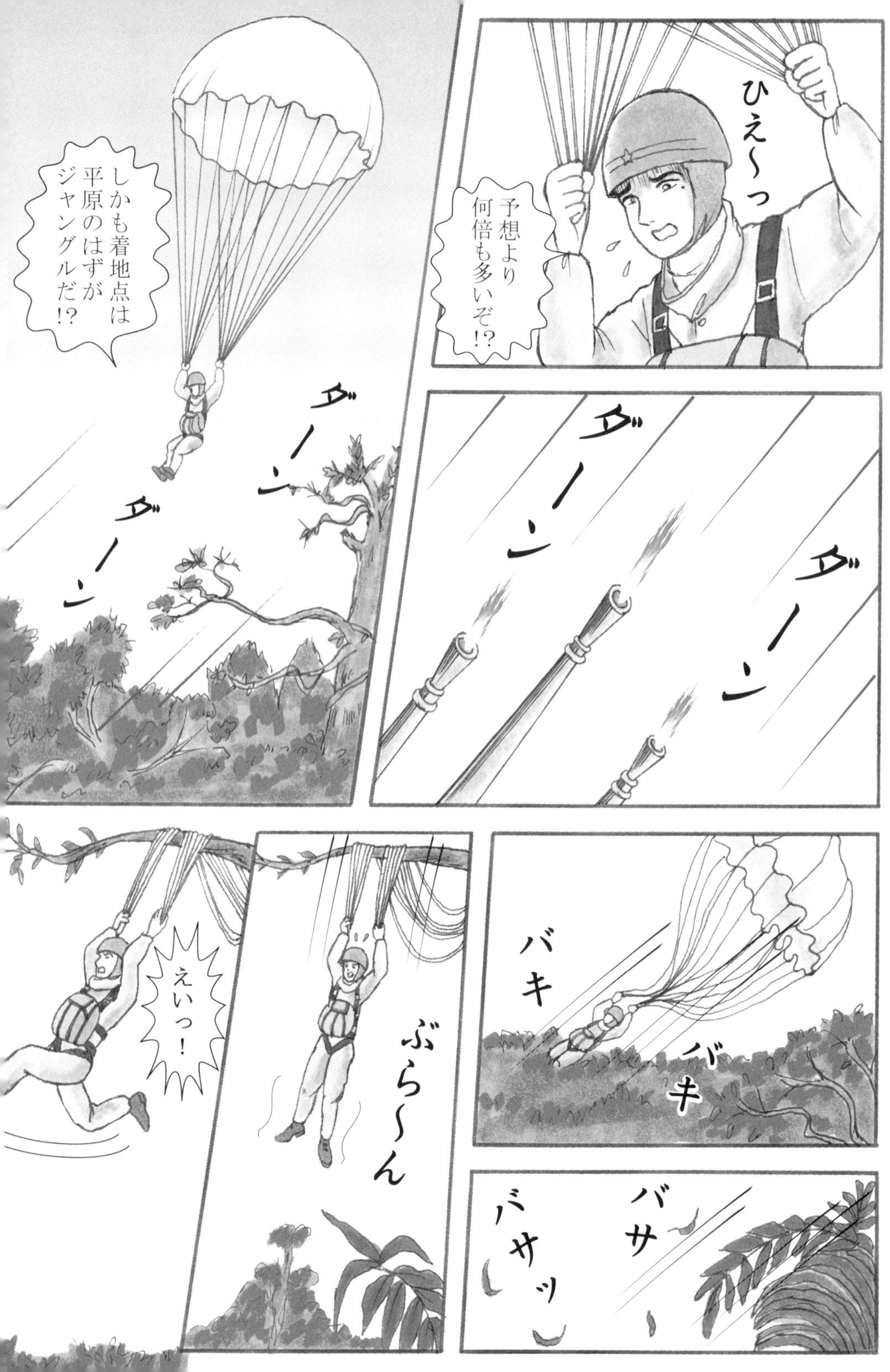

ひえ～っ
予想より何倍も多いぞ!?
しかも着地点は平原のはずがジャングルだ!?
ダーン
ダーン
ダーン
ダーン
バキ
バキ
バサ
バサッ
ぶら～ん
えいっ!

第一次遭遇戦
ふうっ
ストン
おーい
おーい
誰かいないか～
あるのはこの銃だけか…
物料箱も見つからないし丸腰だ―
小隊長殿～
形野上等兵と菊地軍曹もおります！
おっ対馬一等兵と川原軍曹か！
たった5名だがこれで戦うぞ！
俺について来い!!
はいっ!!

敵が来たぞ!!
オランダ軍だ！
トラック4台だ！
ガーッ
落下傘部隊の最大の弱点で兵器も兵員も集まらない最悪の事態でしたが日本兵には気迫がみなぎっていました
あのトラックをやっつけろ！
はいっ!!
バン
バンッ
わー
わー
わー
キー
ドッカーン
うまくいったぞ!!
敵は逃げて行ったぞ！

ふうっ
敵の増援部隊が来ました!!
えっもう!?
ゴーッ
ゴーッ
しかも完全武装で百名はいるぞ!!
武器は14式銃と手榴弾だけかっ
道の両側に隠れろ!
はいっ!!
攻撃だ!!
やっつけろ!!
シュッ

ドッカーン
わー
わー
やった!!
うおーっ
ダーン
ガッ

対馬一等兵っ!!
ドタッ
対馬一等兵―
樺太の漁師の子らしく豪胆な性格で敵兵20名ほど倒して壮絶な戦死を遂げました
くそーっ!!やりやがったな
ドッカーン
よおし行くぞ!!

ダーンッ
ば……
菊池軍曹！
菊池軍曹は北海道出身で
母独り手で育てられましたが奮戦し壮絶な戦死を遂げました
くそーっ
私の大切な部下を二人も!!
バンッ
バンッ
バンッ

道路を飛び越して左のジャングルへ入れ！
早く！早く!!
はい!!
ダーンダーン
ダーッ
バンバンッ
OH！
両側から？日本兵増援か!?
NO！
逃げろ～ッ
ピューーッ
ダーンッ

パシッ
うっ
くそっ!
やりやがったな!
ハッ
ブオーッ
大丈夫ですか奥本小隊長!
なんのこれしき…
しめた!
敵が後退し始めたぞ!
だが大事な部下を二人も死なせてしまった…
それにしても西南側に降りた第二中隊は大丈夫だろうか…

第二中隊
広瀬中尉率いる第二中隊は飛行場より800m離れた所に降りました
ダーン
ダーン
―が敵のトーチカからも近く
ダーン
ダーン
ダーン
苦戦を強いられました
ダーン
ダーン
蒲生中尉は部下24名を掌握しましたが物料箱がまるで見つかりませんでした
あるのは手榴弾と銃だけか…
しかし彼は中隊主力の危機を知りました
ダーン
ダーン
聯隊長たちが危ないっ!!

敵兵舎だ!!
そ〜
シュッ
メラ
メラ
ボッ
ゴオー
わー
ワー
やった!
今だ突撃っ!!

ダダ
ダダッ
ダダッ…
バタッ
蒲生中尉!!
ダーンッ
くそっ!!
しっかりして下さい!
こ、これを私の家族に―
蒲生清治中尉
鹿児島県出身で
挺進練習部の
ベテラン教官で
壮烈な戦死を
遂げました
蒲生中尉!!
ガクッ
彼の
唯一の遺品は
遺族に無事に
届けられました

飛行場占拠
午後1時20分奥本中尉はやっと聯隊長と遭遇しました
甲村聯隊長！
大丈夫かケガは？
はいっ大丈夫です！
それより先ほど敵と遭遇し…
敵兵約150名に対し我々は5名で武器も少なく最悪でしたが
なんとか敵を撃退しましたが部下2名を戦死させてしまいました
まあまあ落ち着いて茶でも飲め—
はい…
こうして10数名が集まりました
わい
わい
兵器は小銃6丁軽機関銃2丁だけで無線機は見つからず他の隊との通信が全くできませんでした
きゅうっ
お酒!!
なんともうまいっ！

さあ～一刻も早くこのジャングルをぬって飛行場に攻撃前進するぞ！
一本道路に沿って飛行場に向かい攻撃前進すべし！
はいっ
甲村聯隊長について行けば間違いない
ここで二手に分かれ奥本中尉は三谷中尉らと先に進みました
奥本中尉の軍刀がありました！
おおありがとう！
曲がって
抜けない!?
杖替わりだな
トン
ゴオーッ
敵兵だっ!!

三谷中隊長
どうしますか？
彼等は戦死者の処置で
退避するのでこのまま
捨てておいても…
うむ
そうだな
無駄な戦いは
不要だな
ですね…
ダッ
突っこめぇ!!
あっ！
大城中尉!?
大城中尉
待て!!
今は
無謀だぞ！
わー
バン
わー
バンッ
わー

ダーンッ
ガッ
大城中尉!!
バタッ
この装甲車を敵にぶっつけろ!
はいっ!!
ガガーンッ!!

ドカン
ドカン
わー
ゲット　バック!!
わー
大城!
ダッ
大城!!しっかりしろ!!
傷は浅いぞ!何か言っておくことはないか!
オク…おれはもうダメだ…
後を頼む…

戦機を急がねばならない！
─だがお前には看護兵として口野上等兵をつけておくからな！
ありがとうオク…
俺と大城は士官学校の同期なんだ
最悪の場合は装甲車に収容して防戦せよ！
はいっ!!
さよなら大城…
ガクッ
お前の分も戦ってくるからな!!
ダッ
靖國で会おう!!

奥本中尉は負傷しながらも必死に隊について飛行場へと進みました
ザッ
ザッ
隊について行かないと死を意味していました
ポタ
ポタ
ザーッ
スコールだ！
ザーッ
飛行場へ!!
滑走路へ!!行かねば一刻も早く!!
ザッ
ザッ
スコールがやんだ頃第二中隊の広瀬中尉らと合流できました
おーい
広瀬中尉！
奥本中尉ケガは大丈夫ですか？
なんとかね…

夕暮れが近いので前進するぞ！
はい!!
ザッ
ザッ
ザッ
午後6時20分——
飛行場が見えたぞーっ!!
敵兵もまだたくさんいました
戦死した戦友の仇だ!!
ダーン
待て！弾丸を節約せい！

オロ
オロ
チャッ
チャッ
チャッ
攻撃前進っ!!
んっ?
停戦交渉のようです!
ヒラヒラ
いやっ攻撃前進―
三谷中隊長待って下さい!
では英語のできる奥本中尉が交渉を―
はいっ!

ダウン！
ユアウェポン
ダウン！
ユアウェポン
ダウン！
（武器を捨てろ）
日本軍は
兵力が
少ないから
戦えば敗れる
そっちこそ
降伏せよ！
それに
おまえ
ケガしてる
じゃないか！
トゥモロー
大部隊が
パラシュートする
今のうち降伏せよ！
ノー
ノーッ！
降伏せよっ!!
ヒッ
コマンダーと
相談してくる…
すご
すご

広瀬中尉
三谷中尉
どうしますか？
直ちに攻撃前進だ!!
前進あるのみ!!
—まあまあ落ち着いて紳士的にやりましょう
カッカ
カッカ
戻って来ました！
我々は絶対降伏しない！
日本軍こそ降伏せよ!!
カッ

チャッ
早く武器を捨てないと直ちに攻撃するぞっ!!
わ、わかった待ってくれ…
ピューッ
ブォーーッ
ああっ！敵兵が退却したぞ!?
さっきまでの交渉は時間稼ぎだったんだチクショッ！
と奥本中尉は地団駄を踏みましたが結局飛行場は無血占拠できたのでした
時に午後6時50分でした—

日の丸
一方製油所に向かった徳永中尉達は沼地に降りてしまいました
ダーン
ダーンッ
ダーン
この隊は製油所の破壊防止や消火技術を習得した兵隊で構成されていました
ダーン
ダーン
ダーンッ
ズボッ
わあっ深い沼地だぁ！
ズボ
ズボ
やっとはい出せた〜
ふうっ

徳永中尉！
物料箱が見つかりました！
よしっ！
敵に爆破される前に製油所に急ぐぞ！
そこから製油所までは300mほどでした
ダーッ
製油所の門だぞ！
うお〜っ
ダーン
ダーン
曽根軍曹!!
うっ！

ドッ
くそっ!
グッ
曽根軍曹の仇はうつぞ!!
シュッ
ドーンッ
やったぁ!
ダーンッ
水田軍曹!!

バタッ
くそっ!!
勝俣兵長！
精留塔の上に
日の丸を
立てろ!!
はい!!
ダーン
ダーン
奥本中尉
やりますよっ！
ダーン
ダーン
ダーンッ
勝俣兵長は
脚や臀部に
数発撃たれても
まったく
ひるみませんでした

時に午後1時半でした―
ヒラ
ヒラ
奥本中尉見てますか～
やりましたよ!!
ダーン
ダーンッ
ひえ～～っ

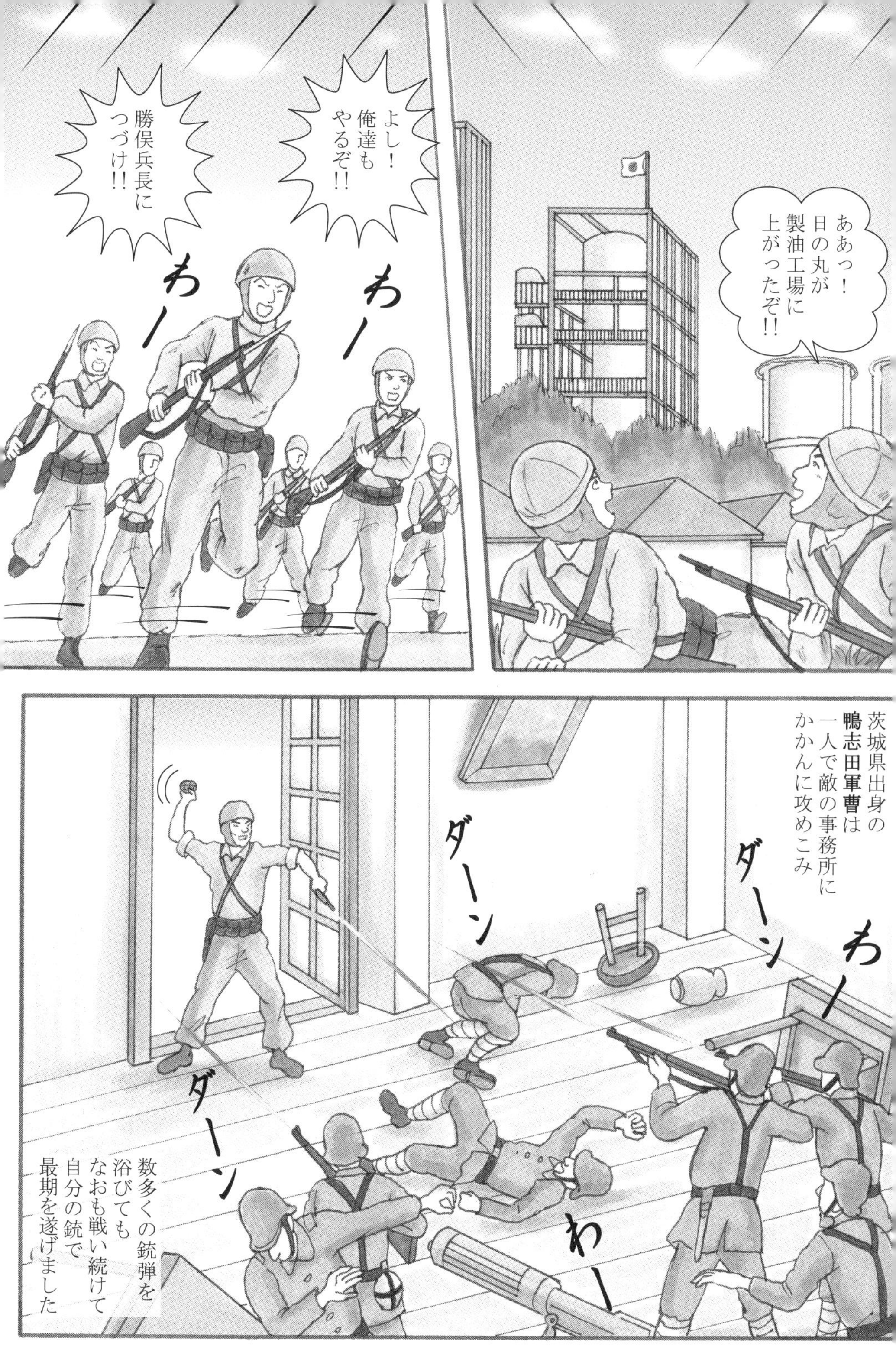
ああっ！日の丸が製油工場に上がったぞ!!
よし！俺達もやるぞ!!
勝俣兵長につづけ!!
わー
わー
茨城県出身の**鴨志田軍曹**は一人で敵の事務所にかかんに攻めこみ
ダーン
わー
ダーン
ダーン
わー
数多くの銃弾を浴びてもなおも戦い続けて自分の銃で最期を遂げました

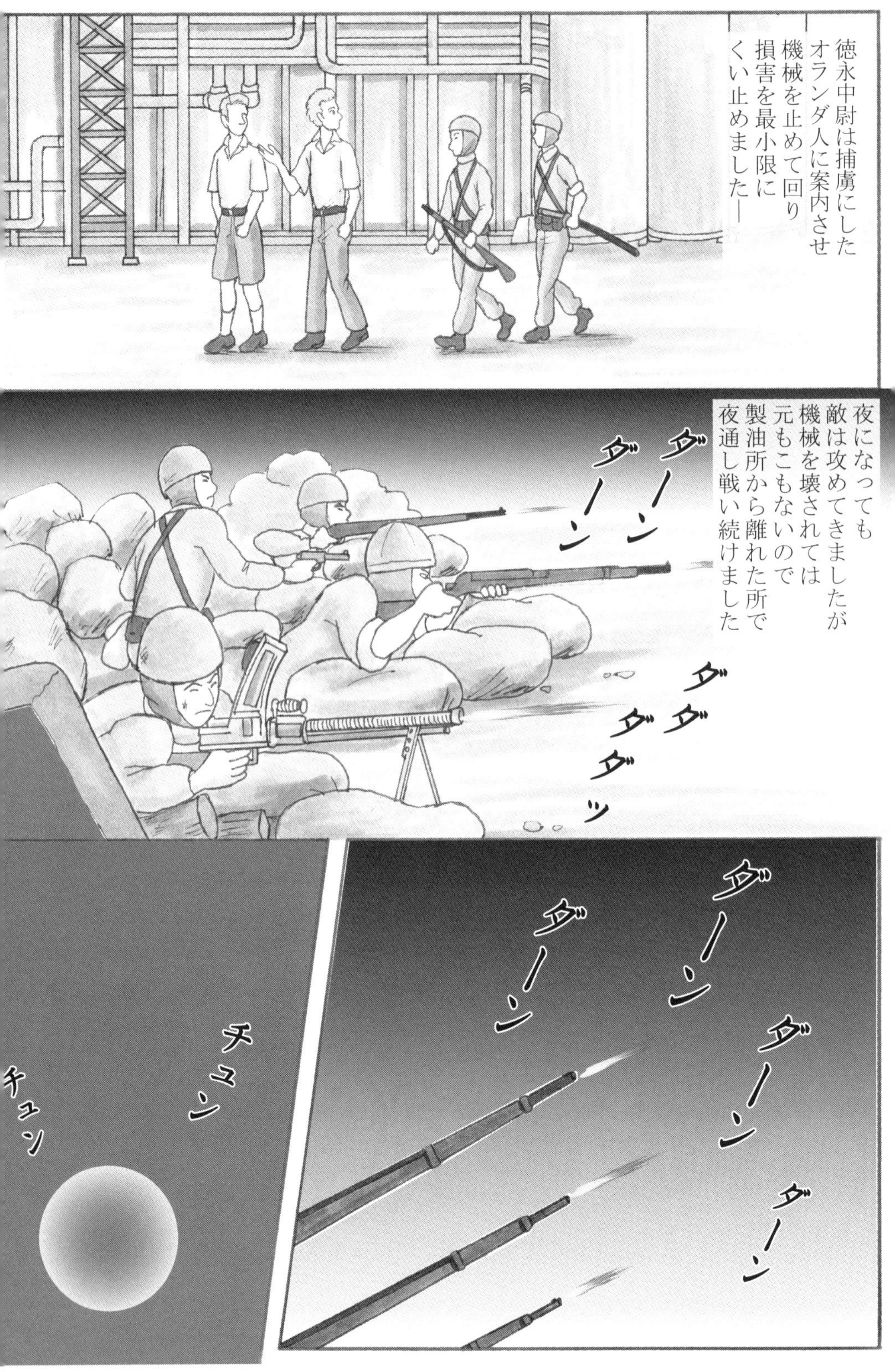
徳永中尉は捕虜にした
オランダ人に案内させ
機械を止めて回り
損害を最小限に
くい止めました—
夜になっても
敵は攻めてきましたが
機械を壊されては
元もこもないので
製油所から離れた所で
夜通し戦い続けました
ダーン
ダーン
ダダダダッ
ダーン
ダーン
ダーン
ダーン
チュン
チュン

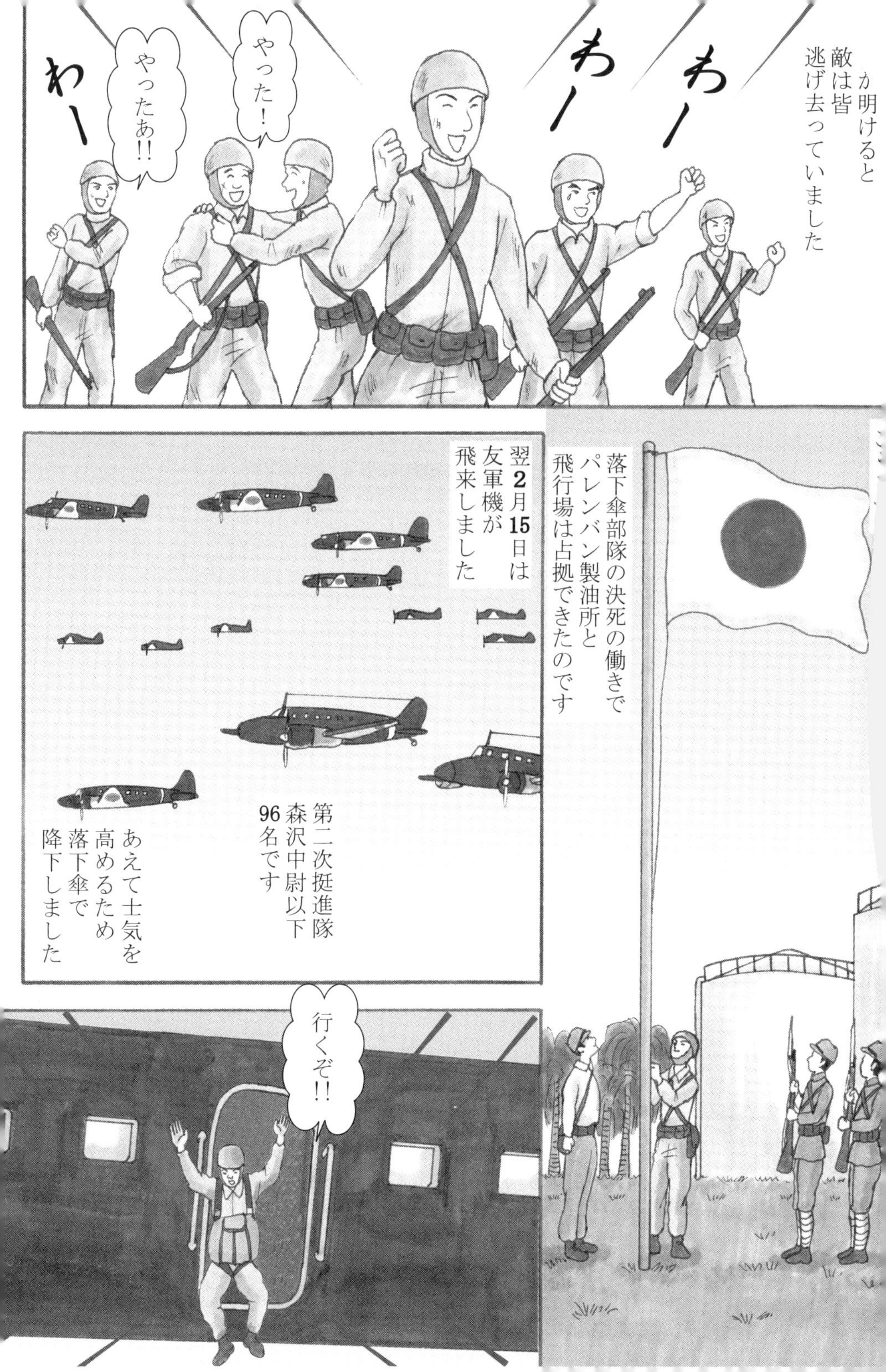
か明けると
敵は皆
逃げ去っていました
わー
わー
やった！
やったあ!!
わー
落下傘部隊の決死の働きで
パレンバン製油所と
飛行場は占拠できたのです
翌2月15日は
友軍機が
飛来しました
第二次挺進隊
森沢中尉以下
96名です
あえて士気を
高めるため
落下傘で
降下しました
行くぞ!!

パッ
パッ
パッ
パッ

パッ
パッ
パッ
パッ
パッ

ん？
おじいちゃん あれ見て！
おおっ 神の兵だ!!
神の兵たち ど～っ！
ジョヨヨボ伝説 どおりだっ!!
神の兵たちが パレンバンに 舞い降りたぞ！
しかも わしらと同じ 肌の色と顔を しとる！
わー
わー
わー
わー

我王国に混乱が生じるが
どこからか現れる
白い水牛の人に長期に
支配されるであろう
彼等は魔法の杖を持ち
離れた距離から
人を殺すことができる
北の方から黄色い人が
攻めてきて
白い人を追い出し
代わって支配するが
それは
トウモロコシ一回
限りの短い期間である
※
とジョヨヨボ予言
の書に本当に
書かれています
それは現在も
ジャワ本島の
ソロ王宮に保管
されています
インドネシアは16世紀に
オランダに支配されてから
350年も圧政に
苦しんでいたのに
日本軍はたった1ヶ月余りで
オランダを全面降伏させました
が、その統治期間は
わずか3年余りでした
12世紀の予言書が
見事に実現したので
民衆は熱狂したのです
わー
わー
わー
わー
※12世紀頃
東ジャワの
ジョヨヨボ王が
古代インドの予言
を訳させたもの

オランダの350年もの
インドネシアでの植民地政策は
それは酷いものでした
原住民は奴隷扱いで
日本と戦った時の原住民の
兵士たちは足に鎖を
つながれていました
何よりも
強制栽培制度は水田を潰させ
金になるタバコやコーヒーを
作らせたため大量の餓死者を出しました
それで自国に莫大な富を得たオランダや
イギリスは自分達はプール付きの豪邸に
住んでゴルフを楽しんでいたのです

その点日本の統治政策は正反対でした
まず日本はインドネシア人に
ジャカルタ語を共通語にして言葉を整え
学校を作って教育し
行政を学ばせて秩序を作り
郷土防衛義勇軍（PETA）を
創設しインドネシア独立の
礎を築いたのです
あの時代のどんな歴史書を
紐解いても日本軍人が
プール付きの豪邸に住んで
ゴルフを楽しんでいた
という個所は見つかりません

あの時代の日本軍は
日本精神を持っていたし
天皇を崇拝し菊の御紋を印した皇軍は
己の欲望のためなどに乱れたことや
浅墓なことは一切しませんでした—

大活躍した奥本中尉は
負傷していたので
輸送機で帰るように
命じられましたが
ジャングルへ逃げて
輸送機には
乗りませんでした
奥本どこ
行った？
戦死した
部下達のために
まだやることが
あったからです
奥本中尉は制圧した
パレンバン市街地を
通訳と一緒に
視察しました
ブオー
わー
わー
わー
すると全市民を
あげての
大騒ぎでした
ガソリンをどしどし
サービスするから
オランダ人を
やっつけてくれ！
えっ!?
そういう場面に
いくつも
出くわしました
そうです
わー
わー
わー
彼らは
約350年もの間
オランダ人の圧政に
苦しんでいた
のですから

バーン
日本軍は何もしないから騒動を中止せよ!!
わー
わー
わー
我々は長い間外人に搾取されて来た
それを今取り戻しているだけだ
…そうか
思う通りにやるがいい―
ブォー
更に兵営に戻った奥本中尉を喜ばせる奇跡が待っていました
ハッ
あれは!?

大城中尉!!
生きていたのか!?
大城中尉は口野上等兵に介抱されて戻ってきました
オク!
大丈夫か傷は!?
なんとかな…
よかった!本当によかった!!
あたた…

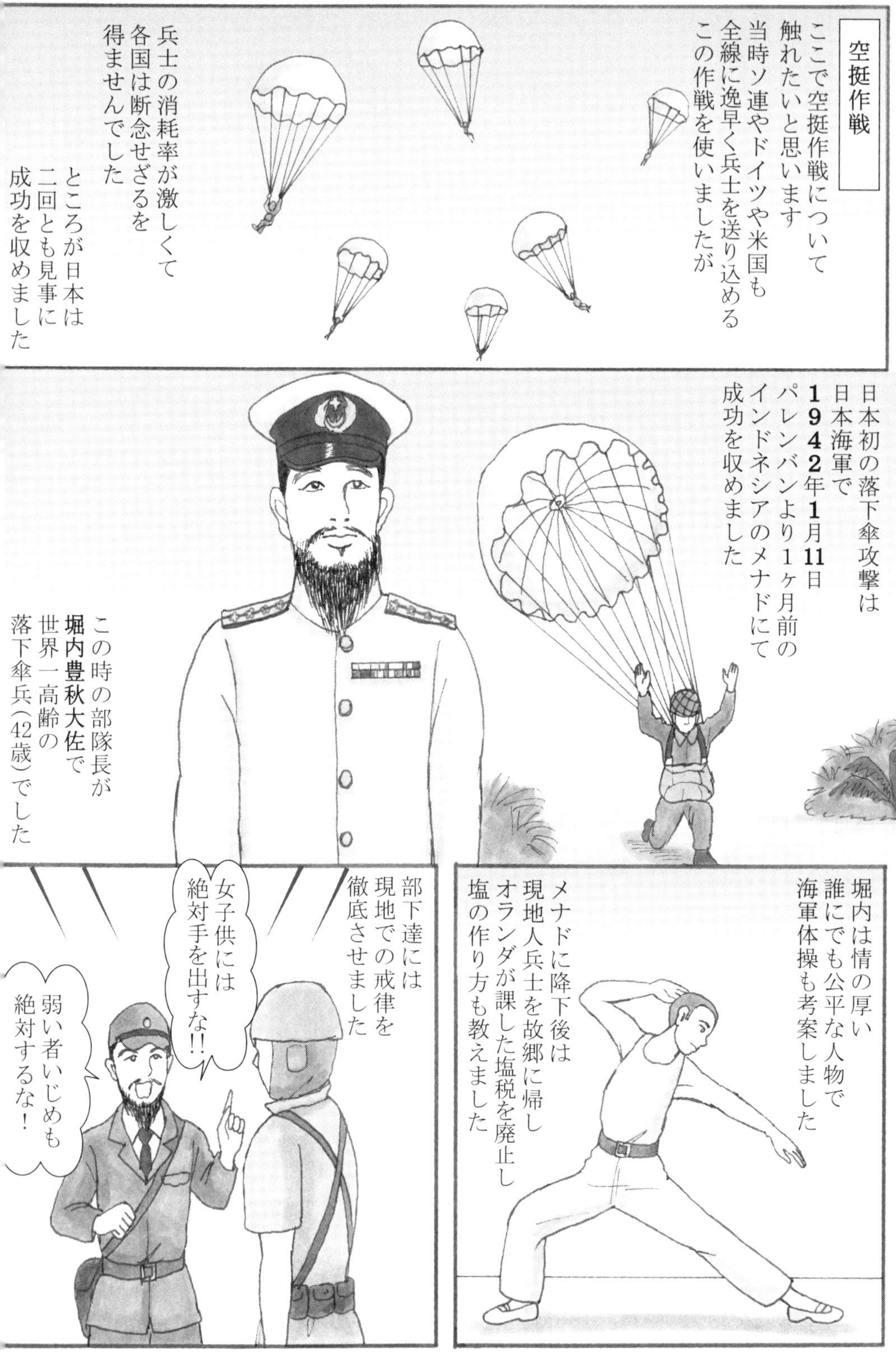
空挺作戦
ここで空挺作戦について
触れたいと思います
当時ソ連やドイツや米国も
全線に逸早く兵士を送り込める
この作戦を使いましたが
兵士の消耗率が激しくて
各国は断念せざるを
得ませんでした
ところが日本は
二回とも見事に
成功を収めました
日本初の落下傘攻撃は
日本海軍で
1942年1月11日
パレンバンより1ヶ月前の
インドネシアのメナドにて
成功を収めました
この時の部隊長が
堀内豊秋大佐で
世界一高齢の
落下傘兵(42歳)でした
堀内は情の厚い
誰にでも公平な人物で
海軍体操も考案しました
メナドに降下後は
現地人兵士を故郷に帰し
オランダが課した塩税を廃止し
塩の作り方も教えました
部下達には
現地での戒律を
徹底させました
女子供には
絶対手を出すな!!
弱い者いじめも
絶対するな!

堀内がバリ島に移動する時などは住民たちは彼との別れを惜しんで何キロもの道のりを歩いて来て彼を見送りました
わー
わー
わー
わー
いかに彼が素晴らしい統治者かを物語っていました
わー
サーホリウチ!
グレイト
しかしこれほどの人物なのに戦争に負けると口惜しい運命が待っていました
嫉妬深いオランダ人の報復から冤罪をでっちあげられて戦争犯罪人として一方的な裁判にかけられて銃殺刑になってしまいました

もちろん
原住民達からも
処刑取消の嘆願書も
出されましたが
全く取り合われず
執行の日は来ました—
通常銃殺刑を行う場合は
目隠しをします
これを—
—私は
悪いことや
ひどいことなど
一切してないので
いらん!
えっ!?
ダーン
ダーンッ
カッ
ガクッ
このように
清廉潔白の人物が
一方的に裁かれて
露と消えました
処刑から5年後
戦争犯罪人指定解除を
受けましたが後の祭りです
日本人ならば
絶対に堀内豊秋大佐を
忘れないで下さい—

結局パレンバンでは
日本軍の戦死者は
３２９人中38人でした
これは
ドイツや米国が
行った空挺作戦の
戦死者と比べると
大成功と言えるでしょう

敵兵約１２００名の
戦いに挑んだ日本軍は
規律ある行動で
とにかく強かった
ということなのです
前述したように
挺進第一聯隊が
海難事故のために
急遽、挺進第二聯隊が
指名されたのです
この神がかり的勝利をもたらした隊員は
降下経験の少ない者ばかりでした
しかし戦後
日本軍の強さに震撼した
アメリカは日本が二度と
立ち上がれないための
徹底した**占領政策**(ＷＧＩＰ)を
実行し成果をあげたのです

「にわか仕立て」のこの聯隊を
短期間でうまくまとめたのが
甲村武雄聯隊長です
パレンバン作戦の成功は
彼の統率力によるものだった
と奥本中尉も述べています

—がそんな彼も戦後
屈辱的な敗北に恨みを
抱いた連合軍が
B級戦犯として
インドネシアのモロタイ島で
銃殺刑に処してしまいました
原住民や捕虜達に残虐非道な
ことをしたという証拠は
一切ありませんでした
41歳という若さでした—

大東亜戦争の緒戦の
パレンバンの大勝利により
最大年間約**600**万トンの石油を
確保できたのです
(当時の日本の石油消費量は
年間約**500**万トン)

この石油が無ければ
日本は早々と連合国の
植民地になっていたでしょう

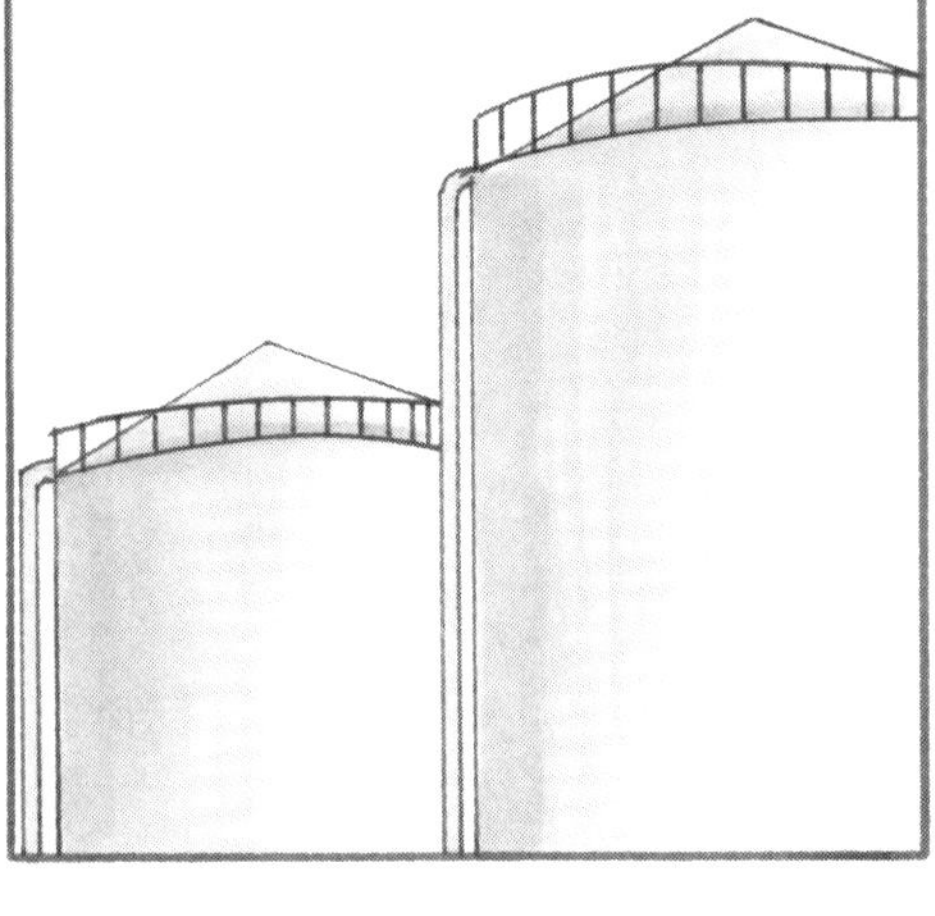

そもそも資源を持たない
日本は**ABCD**包囲網により
石油が禁輸され、自存・自衛の
戦いに立ち上がるしか道は
なかったのです

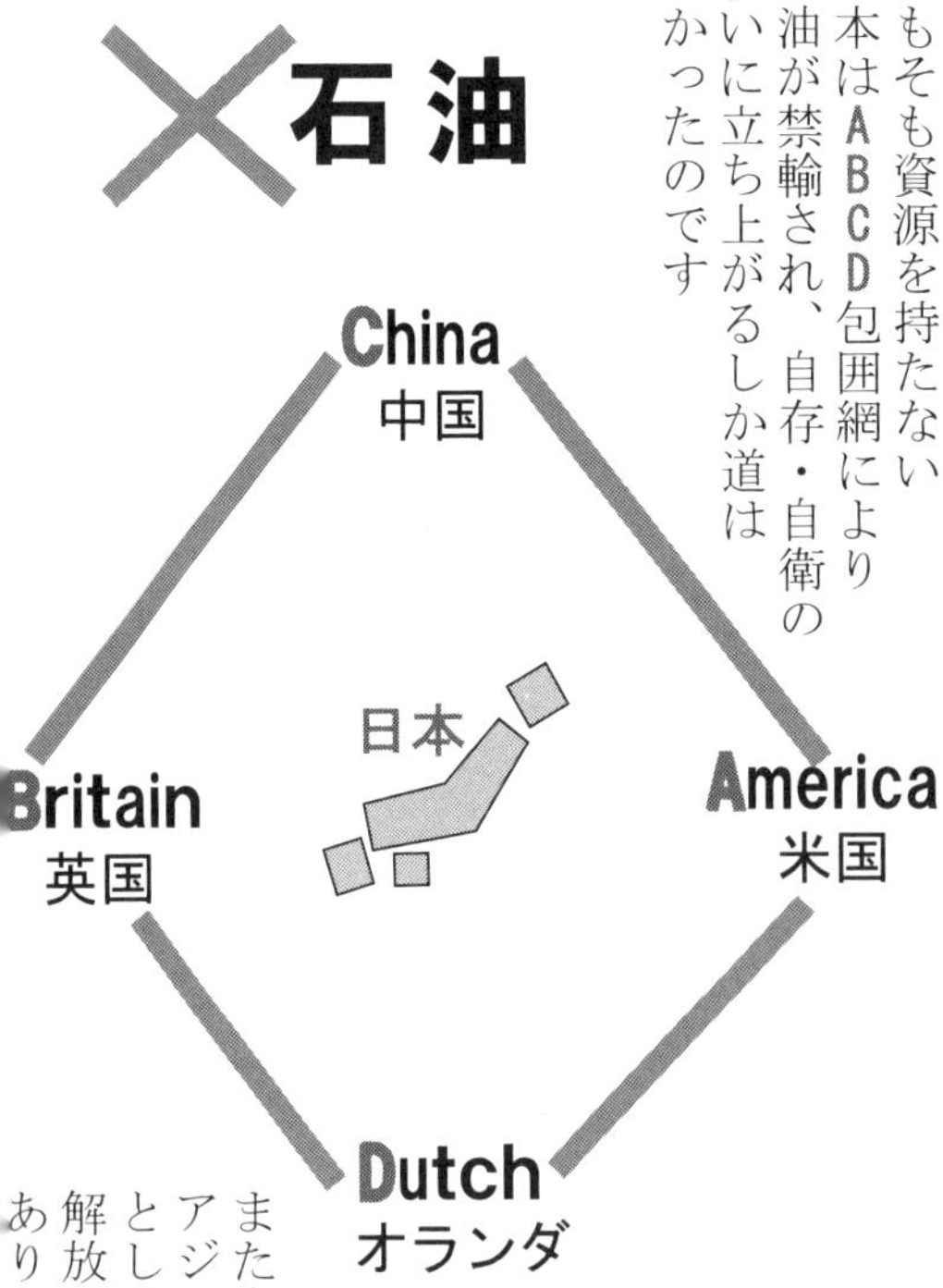

また大東亜戦争は
アジア諸国を植民地
としている欧米列強から
解放する戦いでも
ありました

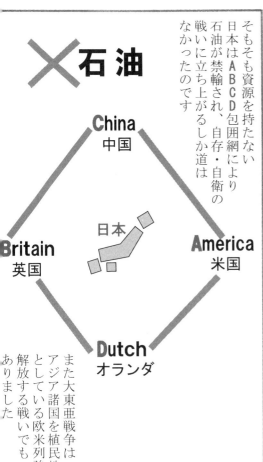

それと
何よりも日本兵達は
紀元**2600**有余年
世界に類を見ない
連綿と続く
皇室を中心とした
祖国日本を

未来永劫に
外国の魔の手から
護るために闘ったのです—

あの富国強兵時代に
即位された**昭和天皇**は
類まれなる記憶力の持ち主で
様々なことに精通しておられ

誰よりも
国民の平和を望んで
おられたので
開戦は忸怩たる
思いだったことでしょう

墓標
南国の戦場は当然遺体が腐り易くその臭気は鼻をつき血生臭いものでした
その戦友達の遺体収容と荼毘に付するのは野戦経験者の奥本中尉が率先して行いました
遺体をまとめて火葬にして一昼夜くすぼらせるときれいな白骨となっていました
対馬一等兵
それを拾うと別れの涙雨が降ってきました—
蒲生中尉
菊地軍曹
曽根軍曹
さようなら…

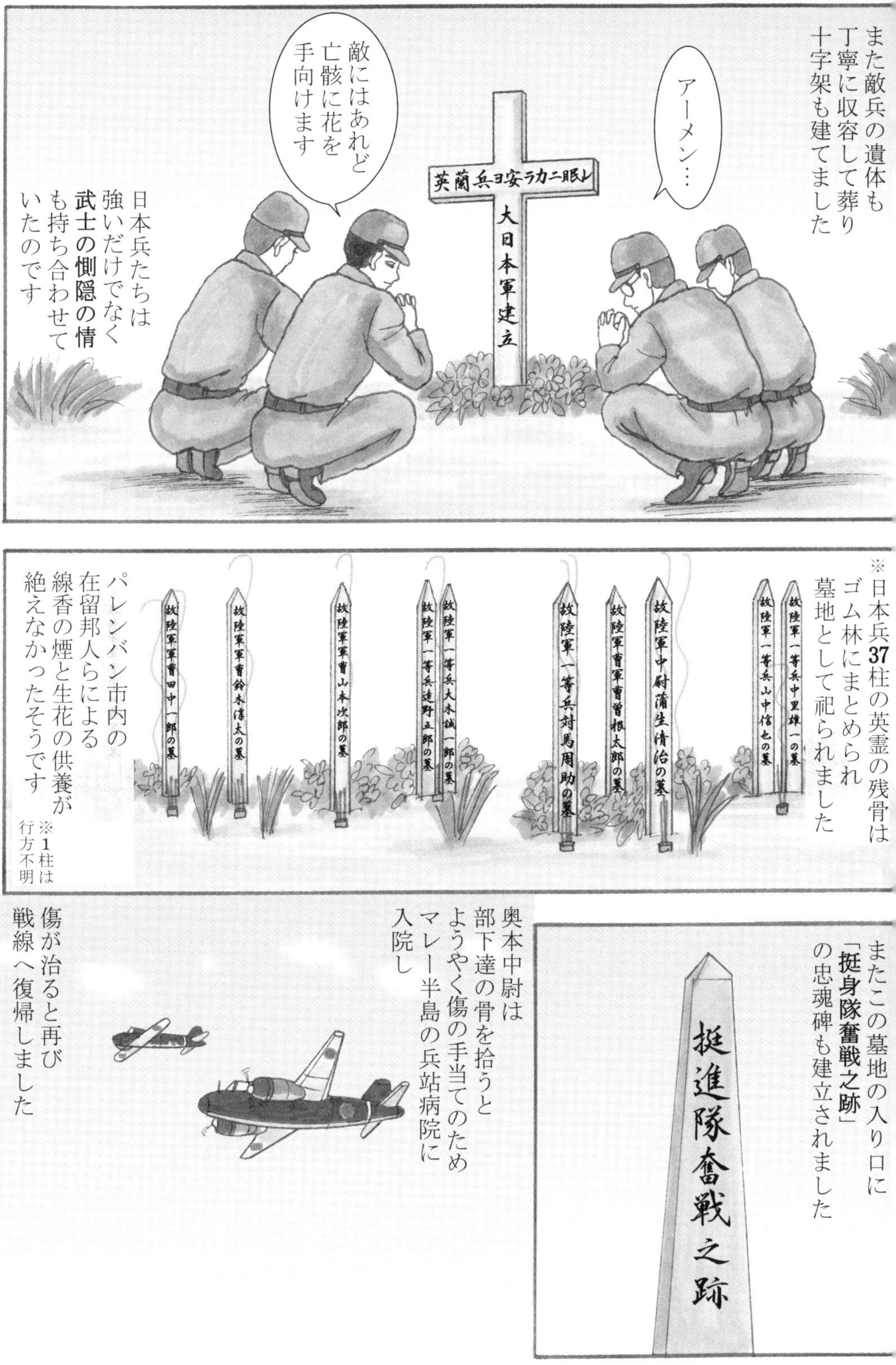
また敵兵の遺体も丁寧に収容して葬り十字架も建てました
アーメン…
英蘭兵ヨ安ラカニ眠レ
大日本軍建立
敵にはあれど亡骸に花を手向けます
日本兵たちは強いだけでなく武士の惻隠の情も持ち合わせていたのです
※日本兵37柱の英霊の残骨はゴム林にまとめられ墓地として祀られました
故陸軍一等兵中里雄一の墓
故陸軍一等兵山中信也の墓
故陸軍中尉蒲生清治の墓
故陸軍曹軍曹曽根太郎の墓
故陸軍一等兵対馬周助の墓
故陸軍一等兵大木誠一郎の墓
故陸軍一等兵遠野五郎の墓
故陸軍軍曹山本次郎の墓
故陸軍軍曹鈴木淳太の墓
故陸軍軍曹田中一郎の墓
パレンバン市内の在留邦人らによる線香の煙と生花の供養が絶えなかったそうです
※1柱は行方不明
またこの墓地の入り口に「挺身隊奮戦之跡」の忠魂碑も建立されました
挺進隊奮戦之跡
奥本中尉は部下達の骨を拾うとようやく傷の手当てのためマレー半島の兵站病院に入院し
傷が治ると再び戦線へ復帰しました

奥本中尉のパレンバンでの活躍は
「上聞に達し」
昭和18年2月19日になんと
昭和天皇から単独で拝謁を賜りました
『昭和天皇実録』にも
「奥本中尉に謁を賜う」
と記されています
当時
弱冠22歳で無勲の
一介の陸軍中尉が
宮中に召されることなど
ありえないことでした
天皇陛下から下賜された
菊の御紋の御菓子
昭和天皇は戦後
「大東亜戦争は
石油に始まり
石油に終わった―」
と御述懐されているように
パレンバンでの成功を事の他
お喜びになられたのでした
無勲の
奥本中尉にとって
この日は
人間の栄誉
武人の栄誉
最高至上の日となり
雲の上にいる
心地だったと
懐述しています
奥本実
昭和36年5月稿

2月14日はパレンバンデー
奥本中尉が奮闘した2月14日に
バレンタインデーで浮かれるよりも
「パレンバン降下の日」ということを
日本人なら胸に刻んで下さい―
日本のために戦ってくれて
子孫も残さず散って逝った
若き英霊達をせめて偲ぶ日
にしたいものです

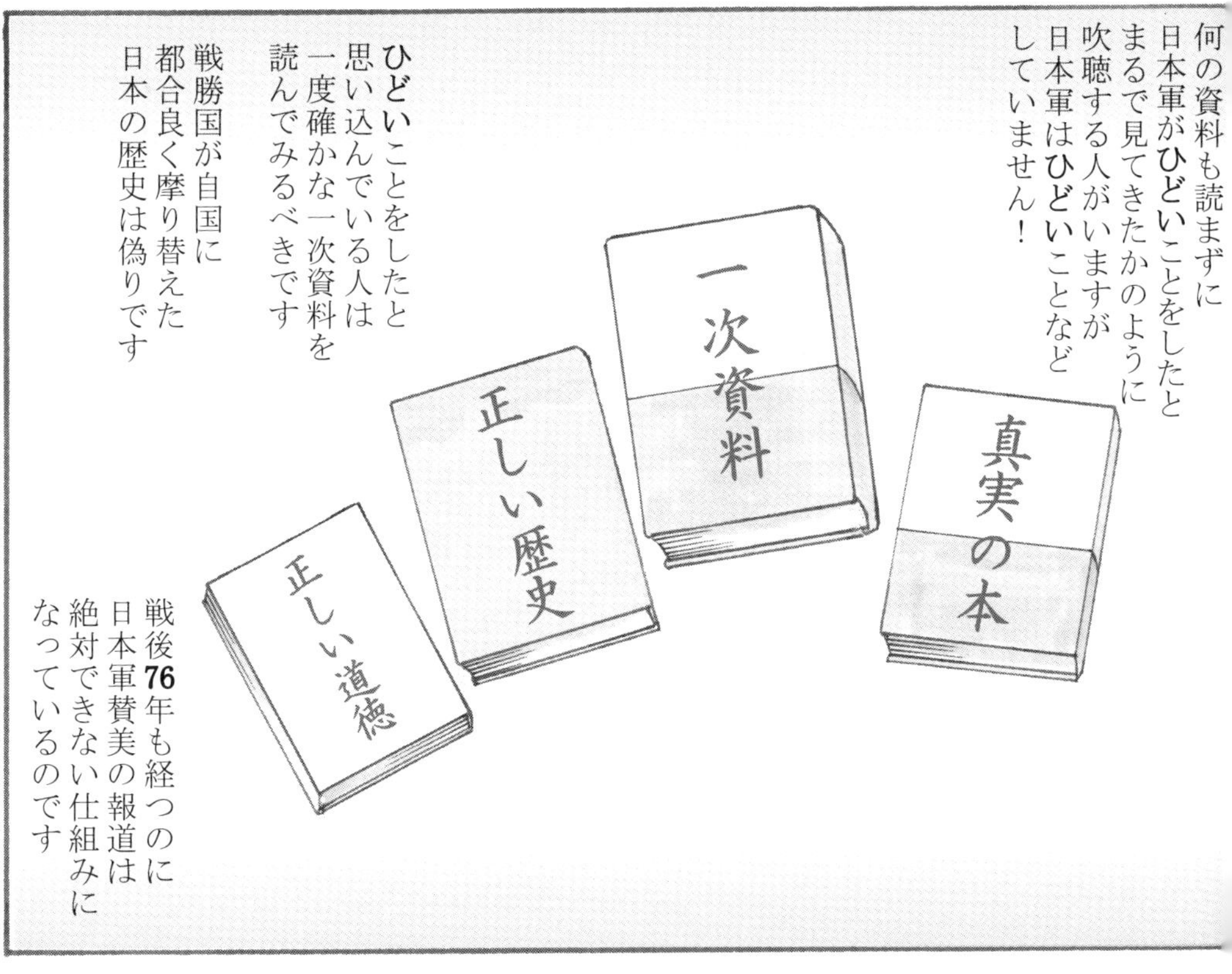
何の資料も読まずに
日本軍がひどいことをしたと
まるで見てきたかのように
吹聴する人がいますが
日本軍はひどいことなど
していません！
ひどいことをしたと
思い込んでいる人は
一度確かな一次資料を
読んでみるべきです
戦勝国が自国に
都合良く摩り替えた
日本の歴史は偽りです
一次資料
正しい歴史
真実の本
正しい道徳
戦後76年も経つのに
日本軍賛美の報道は
絶対できない仕組みに
なっているのです

皇室中心の国として
育んできた
互譲互助の精神は
日本人が紡いできた
素晴らしい文化であり
世界の人々からも
賞賛されています

戦勝国が書き換えた
日本史の中に
人知れず功績を
挙げた日本人が
まだたくさん
埋もれているので
私は彼らの生涯を
これからも
こつこつと
掘り起こして
行きたいと思います——

おわりに

奥本 康大（「空の神兵」顕彰会会長）

大東亜戦争は、日本の自存・自衛だけではなく、植民地の解放、人種差別の撤廃を大義とし、国民が一丸となって戦った正義の戦争であった。

この歴史を正しく検証しないのは、アメリカが占領期間中におこなった贖罪意識を植え付ける戦略＝ＷＧＩＰ（War Guilt Information Program）によるものである。これにより、永年育んできた日本の伝統文化・歴史が破壊されてしまったのである。

その結果、戦後七十年以上経過した現在に至っても、日本人の多くはアメリカの洗脳から目覚めず、自虐史観の僕《しもべ》となっている。そのため、未だ日本は真の独立国として復活できていない。これが嘆かわしい日本の現実である。

昭和天皇は、戦後「先の戦争は、石油で始まり、石油で終わった」とご述懐された。開戦前、主にアメリカによる「石油禁輸」により、日本は危機に陥った。「石油」を絶たれることで、日本の経済は立ちどころに衰退し、失業者が約千万人から約千二百万人出ると予測されていた。

日本にとって、石油はまさに生命線であった。戦前、満洲や樺太で石油の採掘を試みたが、日本国内での消費を賄いきれるものではなかった。当時の石油輸入依存率は、現在とほぼ同じ約九割以上であり、その大半をアメリカとオランダ領東インド（現在のインドネシア）からの輸入に頼っていた。また開戦直前の、日本の石油備蓄量は七百七十万トンで年間石油消費量五百万トンの一・五倍程度でしかなく、戦争に突入すれば、一年程度で底をつくことがわかっていた。

そのため、日本は断腸の思いで開戦に踏み切ったのである。もし開戦に踏み切らなかったら、間違いなく欧米列強の植民地になったか、分割統治されただろう。

「空の神兵」と呼ばれ、のちに軍歌・映画にもなった陸軍のパレンバン落下傘部隊は、開戦間もない昭和十七年二月十四日、当時の世界屈指の石油基地であったオランダ領東インドのパレンバン地区に奇襲攻撃をかけた。

記録によると、パレンバン地区を守備するオランダ軍および連合国軍の約千二百名に対し、陸軍落下傘部隊は約三百四十名。隊員の平均年齢は二十四歳！　この若者たちが日本の命運を賭け、約三～四倍の敵の陣地の真ん中に、落下傘で降下するのだから、気力と気迫は並大抵では無かった筈である。にもかかわらず、パレンバン落下傘部隊は、たった一日で飛行場と二ヶ所の製油所を制圧するといった離れ業を成し遂げた。

その戦闘の中で、獅子奮迅の働きをしたのが、私の父である奥本 實陸軍中尉である。

父の殊勲は、パレンバン飛行場東南のジャングル地帯で偶然集結できた僅か四名の部下と共に三十倍の敵と戦い、パレンバン飛行場と市街地を繋ぐ道路を封鎖したことにある。

道路を封鎖したことで飛行場へ敵援軍が来られず、その日のうちに飛行場を制圧することができたのである。制空権確保が第一目標であり、無傷で飛行場を制圧できたことは奇跡に近い。

また、嘘のような話であるが、当時の落下傘の製造技術では、重量物を携えて降下することができず、拳銃と手榴弾だけの最小限の武器だけを持って降下した。

重量物である小銃や機関銃等は、物量箱に入れ落下傘で投下し、降下後に回収する手筈だったが、その物量箱を手にする前に敵兵と遭遇、結果、少ない武器だけで遭遇戦に挑み、撃破・敗走せしめたのである。

パレンバンの大戦果を一番喜ばれたのは、昭和天皇であった。その証として、異例とも思える弱冠二十二歳の父を宮中に召され、単独に謁を賜り、生存者としては稀な殊勲甲を授かったのである。

まさに天が味方したような戦闘であったが、白昼堂々、少数の落下傘部隊が降下し、短期間に要衝を制圧したことは、歴史的にも例をみない快挙であった。反対に、連合国にとっては屈辱的な敗北でもあった。

当時パレンバン地区の製油所では、全体で年間三百万トン年もの石油を生産していた。しかし装置の稼働状況は、その能力の半分程度であった。ところが、制圧後、日本の優秀な技術者たちにより増産改造が行われ、約六百万トンという最大能力での生産を可能にしたと記録にある。

これだけではない。一挙に六百万トンの石油を手に入れても、石油を取り扱える人がいなければ「猫に小判」である。

この大量の石油を南方の戦場だけでなく、日本本土にも供給出来る体制を確立したのが、出光興産の創業者であり、当時社長を務めていた出光佐三であった。

予想以上に大量の石油を手に入れた軍隊は、相当慌てたようだ。奪取計画はしていたが、奪取後の物流体制を考えていなかったのである。現地の軍隊は、急遽、南方の各地区に石油公社のような特殊会社を作り、約二千五百人規模での供給事業計画を陸軍省に要求した。

そこで陸軍省は、パレンバンの大勝利の二ヶ月後、中国本土等での供給事業で実績を認められていた出光興産に対し、南方での事業協力を要請してきたのである。

出光佐三は、この事業を約二百名で行えると回答し、七月には社員を南方に派遣、軍属として供給業務に従事させ、パレンバン地区で生産される石油の供給体制を確立すると、各戦場や日本本土への石油の供給を開始したのである。

大東亜戦争においては、軍人だけでなく、民間人も一体となって戦ったのである。

父は、日本の国難というべき貴重な石油を得る戦いで殊勲をあげた。出光佐三は、供給という場で民間人として戦い、足跡を残した。

戦後の復興が加速できたのも、ある面で出光佐三の働きによるところが大きいと言える。「民族系石油会社」として、石油メジャーのカルテルに立ち向かい、日本の石油価格安定に努めた。資源を持たない日本において、石油は欠くことの出来ないエネルギーである。自分は縁あって出光興産で現役時代を過ごしたが、戦後も出光佐三は、国の発展の為に戦い続けたことを社員として学んだ。父や出光佐三が戦った「石油の供給」に従事できたことに、喜びを感じている。

話は戻るが、この大戦果で得られた石油により、日本は連合国による早期降伏の思惑を超え、開戦から三年八ヶ月間も戦い続けることができたと言える。その間に、アメリカはじめ連合国は、日本軍将兵の強さに震撼し、「日本軍とは二度と戦いたくない」と言わせしめたのである。

その焦りからか、アメリカは国際法であるハーグ陸戦条約を破り、大都市を焼夷弾により焼き尽くすという、非戦闘員に向けての無差別攻撃を仕掛けるようになった。挙句の果てには原子爆弾を使用し、広島、長崎の二十数万人もの非戦闘員の命を奪ったのである。

さらに、その悪事を隠蔽するために、極東軍事裁判（いわゆる東京裁判）を開廷し、事後法で優秀な日本の指導者たちを裁いたのである。加えて、冒頭で述べたＷＧＩＰにより、日本人の魂を骨抜きにしたのである。それほどまでに、日本の再起が怖かったのであろう。

国際法を破ったのがアメリカであり、反則技を連発したのがアメリカなのだから、日本人はなんら卑屈になることはない。自信と誇りを取り戻さなければならない。

結果的に、陸軍落下傘部隊の「パレンバン奇襲作戦」は大東亜戦争の歴史を変える転換点となった。この大勝利がなかったなら、日本は消滅していたかもしれないことを、多くの日本人は知らない。

輝かしい日本の歴史を後世に正しく伝えることは、現代を生きる我々の責務である。

また、大東亜戦争を勇敢に戦った将兵を顕彰することは、当然のことである。

本書の刊行を機として、昭和十七年二月十四日の「パレンバン落下傘奇襲作戦」を「空の神兵」の名と共に深く記憶にとどめて戴ければ、当事者の家族の一人として嬉しく思う。

令和三年二月十四日

◆著者◆

奥本 實（おくもと みのる）

大正9（1920）年10月、奈良県天理市櫟本町に生まれる。

奈良県立奈良中学四年生のとき、陸軍士官学校へ入学という秀才。

昭和16（1941）年10月中尉に昇進後、陸軍挺進練習部付、挺進第二連隊（第一挺進団所属）となり、スマトラ島パレンバン落下傘降下挺進作戦に挺進第二連隊第四中隊の第三小隊長として参戦。

この作戦で最高殊勲をたて、生存者で初めての殊勲甲の武勲（正七位）に輝く。

昭和18（1943）年2月19日、天皇陛下に単独拝謁を賜る（昭和天皇実録にも掲載）。

陸軍197連隊（静岡での本土防衛軍）で陸軍大尉（大隊長）として終戦を迎える。

平成23（2011）年7月90歳で逝去（戒名：功勲院義奉忠烈居士）。

◆漫画◆

磯 米（いそ よね）

岩手県釜石市生まれ。

女子美術短期大学絵画科卒業。

ガイドヘルパー兼歴史漫画家。

主な作品に『マチュピチュに行って来た!!』（いそっぷ社）『特攻花』（学芸みらい社）『モスグリーンの青春』（展転社）『日本の宝武士道を読もう!!』（大和桜）がある。

URL：https://isokunganbaru.web.fc2.com/（「イソ君がんばる」で検索）

空の神兵と呼ばれた男たち　インドネシア・パレンバン落下傘部隊の奇跡

令和3年 2月 22日　　第1刷発行

著　者　　奥本 實
漫　画　　磯 米
発行者　　日高 裕明
発　行　　株式会社ハート出版

〒171-0014 東京都豊島区池袋 3-9-23
TEL03-3590-6077 FAX03-3590-6078
ハート出版ホームページ http://www.810.co.jp

ISBN978-4-8024-0114-2

印刷・製本 中央精版印刷株式会社